책을 고르다 숨을 고르다

책을 고르다
숨을 고르다

추천사

책을 고르다 숨을 고르다:
한 간호사의 자기 발견과 성찰의 여정

때로는 삶이 우리를 너무 빠르게 몰아붙여 숨 한 번 제대로 고를 겨를조차 주지 않는다.

30년간 간호사로 살아온 그녀의 이야기 '책을 고르다 숨을 고르다'는 바로 그런 질주하는 삶 속에서 용기 있게 멈춰 서서 스스로에게 던진 질문에서 시작한다.

"이렇게 사는 게 맞나?"

50이라는 나이, 많은 이들이 현실에 안주하고 포기하기 쉬운 그 시점에 그녀는 오히려 자신의 진실된 모습을 찾아 나서는 여정을 시작했다. 그리고 그 여정의 동반자로 '책'을 선택했다. 단순한 독서가 아닌, 낭독이라는 방식으로 책과 깊은 대화를 나누며 자신의 내면을 탐색해 나간 과정은 그저 감동적이라는 말로는 부족하다.

낭독 인연으로 그녀를 만났을 때, 내 앞에 앉아 있던 사람은 언뜻 보기에는 평범한 중년 여성이었다. 하지만 그녀가 책을 펼치고 목소리를 내기 시작하는 순간, 그 목소리에 담긴 진정성과 열정은 공간을 가득 채웠다. 때로는 울먹이며, 때로는 환하게 웃으며 책의 문장들을 읽어 내려가는 그녀의 모습에서, 나는 자신의 삶을 진실되게 마주하고자 하는 용기를 보았다.

이 책에는 그녀가 자신의 영혼을 위로하고 채워준 수많은 책들의 흔적이 고스란히 담겨있다. 그리고 그 책들과 함께한 시간들이 어떻게 그녀를 변화시켰는지, 어떻게 '다시 시작할 수 있는 힘'을 주었는지를 솔직하게 고백한다.

특히 책의 3장에서 소개하는 '낭독의 발견'은 단순히 책을 소리 내어 읽는 행위를 넘어, 자신의 목소리로 타인의 언어를 통해 자신을 표현하는 과정에서 얻는 치유와 성장에 대한 감동적인 증언이다.

독서 습관에 관한 그녀의 조언은 실질적이면서도 따뜻하다. 바쁜 일상 속에서도 책을 가까이할 수 있는 작은 팁들, 좋아하는 독서 장소를 찾아 떠나는 소소한 여행의 기쁨, 그리고 무엇보다 책을 통해 자신의 마음을 비추는 방법에 대한 그녀만의 통찰은 독자들에게 큰 울림을 준다.

스승과 제자라는 이름으로 만난 우리의 시간을 떠올리면, 지금도 가슴이 뭉클해진다.

그녀가 책의 한 구절을 읽다가 갑자기 울음을 터뜨리던 순간, 그리고 특별히 감동적인 문장에서는 눈을 반짝이며 기쁨을 감추지 못하던 모습들이 선명하게 기억난다. 이런 순간들을 통해 나는 그녀가 얼마나 진정성 있게 자신의 삶과 책을 대하는지 깨달았다.

그녀의 '숨을 고르는 시간'은 곧 우리 모두의 시간이 될 수 있다. 질주하는 삶 속에서 잠시 멈춰 서서, 자신을 위한 문장을 찾고, 그 문장과 함께 깊은 호흡을 나누는 시간. 이 책을 읽는 모든 이들이 그런 귀중한 순간을 경험하길 바란다.

이 책은 보듬어주고 싶은 책이다. 마치 오랜 시간 고단했던 한 영혼을 안아주듯, 이 책의 페이지들을 조심스럽게 넘기며 그녀의 여정에 동참하는 기분이 든다. 그리고 그 여정의 끝에서 우리는 결국 자신을 마주하게 될 것이다. 책과 함께, 숨을 고르며.

횡성에서 성우 송정희

프롤로그

　사실 저는 스스로를 '끈기 없는 사람'이라고 생각해 왔어요. 이것저것 집적대며 살아온 제 자신이 때로는 답답하기도 했습니다.

　그러다 50이라는 나이에 접어들면서 문득 '이렇게 사는 게 맞나?'라는 질문이 찾아왔습니다.

　이 질문을 품고 우연히 독서모임에 참여하게 되었는데, 이것이 제 삶의 전환점이 되었습니다.

책을 단순히 읽는 것이 아니라, 저 자신을 알아가는 도구로 삼기로 했어요. '책 속에 길이 있다'는 말처럼, 제대로 된 생각을 하기 위해 책을 선택했습니다.

가만히 멍 때리고 있기엔 제 마음이 너무 불안했으니까요.

이제 저는 책을 통해 제 자신의 내면을 들여다보며, 남은 인생의 의미를 찾아가는 여정을 시작했습니다.

끈기 없는 사람이라는 제 자신에 대한 오래된 편견에서 벗어나, 다양한 경험과 관심사를 가진 것이 오히려 제 삶을 풍요롭게 했다는 것을 알게 되었습니다.

여러분도 혹시 스스로에게 '이렇게 사는 게 맞나?'라는 질문을 던져본 적이 있으신가요? 하루하루 바쁘게 살아가다 문득 삶의 의미를 찾지 못해 방황한 경험이 있으신가요?

혹은 나이가 들어감에 따라 '나는 누구인가'라는 근본적인 질문 앞에 서게 되셨나요?

아직 답을 찾지 못했다고 해도 괜찮습니다. 그 질문을 품고 있다는 것 자체가 이미 변화의 시작입니다.

책으로 혹은 다른 어떤 방법을 통해서든, 자신만의 답을 찾아가는 여정에 함께 할 수 있다면 좋겠습니다.

당신의 이야기는 어떻게 시작되고 있나요?

제 솔직한 이야기가 비슷한 질문을 안고 살아가는 누군가에게 작은 위로가 되길 바랍니다.

목차

추천사 • 6

프롤로그 • 10

1장. 내가 책을 처음 만난 날

눈물이 닦아준 새로운 길 • 20

우연처럼 찾아온 책 한 권 • 27

병원 생활 속 작은 쉼표 • 35

2장. 낭독의 세계로 들어가다

책 읽기의 새로운 여정: 낭독의 발견 • 48

새벽의 목소리, 나를 깨우다 • 62

오디오북 완성, 나의 재발견 • 74

귀가 아닌 마음으로 듣는 이야기

: 청각장애 학생과 코스모스를 읽다 • 78

점자로 잇는 세상: 도서 입력 봉사의 시작 • 89

3장. 나만의 책 읽기 방법

21일의 마법: 작은 습관의 힘 • 103

소처럼 자유롭게: 이어령의 독서법 • 110

손으로 기억하기: 다산 독서법과 필사 • 118

내가 좋아하는 독서 장소: 날일달월 책방 • 125

구립도서관, 그 이상의 공간 • 132

4장. 나에게 책 읽기는

자존감을 쌓아가는 여정 • 140

또 다른 도전 • 148

독서로 고독을 채우는 삶 • 159

5장. 내가 읽은 재미있는 책들

잊을 수 없는 문장들 • 172

웃고 울었던 그 책 • 182

6장. 책이 삶에 준 선물

다시 시작할 수 있는 힘 • 200

조용한 용기 • 205

인문 고전과 함께하는 나의 특별한 여행 • 213

에필로그 • 222

1장

내가 책을 처음 만난 날

눈물이 닦아준 새로운 길

눈물도 약이 됩니다.

인생살이가
참, 호락호락하지 않지요.
살다 보면
뜻하지 않은 일에 부딪혀
이래도 안되고 저래도 안되고
매듭이 잘 풀리지 않을 때가 있습니다.

답답한 마음

누구한테 하소연하는 것도 한두 번

손을 놓고 있자니

조급해지는 마음

눈물이 왈칵 쏟아지기도 하지요.

눈물도 억지로 참고 있으면

마음의 병이 생기니

한바탕 시원하게 울고

힘든 마음 툭툭 털어내고 내면

마음이 훨씬 가벼워집니다.

때론 약이 되는 눈물

눈물도 적당히 흘릴 줄 아는 사람이

아름다운 향기가 나지요.

최유진

2019년 가을, 코로나가 우리 삶을 뒤흔들기 몇 달 전이었다. 회사에서 반차를 내고 북악산 팔각정으로 향했다.

하늘은 맑았지만, 내 마음은 흐렸다.

팔각정 계단을 오르는 내내 가쁜 숨을 내쉬었다.
큰아이의 재수 과정이 길어지면서 아이도, 나도 지쳐가고 있었다.
삶의 무게가 어깨를 짓누르는 듯했다.

드디어 팔각정에 도착해 서울 시내를 내려다보았다. 남산타워, 고층 빌딩들, 그 사이를 흐르는 한강까지. 문득 내 위치가 어디쯤인지 생각하니 눈물이 왈칵 쏟아졌다.

"나 잘 살고 있나?" "이렇게 사는 게 맞나?"

콧물까지 흘리며 한참을 울었다. 지나가는 등산객들이 이상한 사람 취급할까 걱정도 잠시, 참았던 눈물은 멈추지 않았다.

최유진 시인의 말처럼, 억지로 참고 있으면 마음의 병이 생기는 법이다.

낙엽이 바스락거리는 하산길, 발걸음이 이상하게 가벼워졌다. '이대로는 안 된다. 뭐라도 해야겠구나.' 생각이 꼬리를 물었다. 하지만 뭘 할까?

40대 중반, 자격증도 특기도 없는 내가 할 수 있는 게 무엇일까?

가장 손쉽게 할 수 있는 것 – 책 읽기. '책 속에 길이 있다'는 말을 떠올렸다. 책 한 권을 제대로 읽기 시작했다. 처음에는 방향 없이 닥치는 대로 읽다가 답답함이 밀려왔다.

그러던 어느 날, 우연히 맘 카페에서 독서모임 공지를 발견했다.

'미라클 모닝'이라는 새벽 독서모임. 새벽 다섯 시 알람을 맞추고, 모임 단체 톡 방에 '굿모닝'이라고 인증하는 것부터 시작했다.

서로 얼굴도 모르는 사람들과 새벽을 함께 맞이한다는 것. 이 작은 연대가 내게는 큰 변화였다.

매일 아침 책장을 넘기며 커피 향을 맡는 시간이 쌓여갔다.

잠옷 차림으로 단체 줌 화면에 얼굴을 내밀고, 온라인으로나마 "오늘 이 부분이 좋았어요"라고 말하는 시간.

몇 개월 후, 독서모임 리더가 네트워크 마케팅을 권유했을 때 느낀 배신감은 컸다.

주말 아침마다 들떠서 나가는 나를 보며 남편이 "활기가 넘친다"라고 했던 칭찬이 무색해졌다.

그러나 돌이켜보면, 그 모임은 내 삶에 작은 불씨를 지펴 주었다. 북악산 팔각정에서 흘린 눈물처럼, 겉보기에 부정적인 경험도 결국은 약이 되었다.

책을 '읽는 것'과 '실천하는 것'의 차이를 알게 된 것이다.

처음에는 어떤 책을 읽어야 할지 막막했다. 서점에 가면 수많은 책들이 나를 기다리고 있었고, 선택의 기준을 세우기가 쉽지 않았다.

하지만 독서모임에서 다양한 책을 접하면서 점차 내 취향과 관심사가 명확해졌다.

철학, 심리학, 그리고 다른 이들의 인생 이야기가 담긴 에세이… 이런 책들이 나를 마음속 깊은 곳으로 이끌었다.

책을 읽으며 놀라웠던 것은, 수천 년 전 혹은 다른 나라의 사람들도 나와 비슷한 고민을 했다는 사실이었다.

인간의 근본적인 질문은 시대와 장소를 초월하여 존재한다는 것을 깨달았다.

그들의 이야기와 지혜가 내 안에 스며들면서, 나는 더 이상 혼자가 아니라는 위로를 받았다.

이제 나는 책을 통해 나 자신의 내면을 들여다보며, 남은 인생의 의미를 찾아가는 여정을 시작했다.

끈기 없는 사람이라는 나 자신에 대한 오래된 편견에서 벗어나, 다양한 경험과 관심사를 가진 것이 오히려 내 삶을 풍요롭게 했다는 것을 알게 되었다.

북악산 팔각정에서의 그날처럼, 가끔은 눈물로 시작된 여정이 새로운 길로 이어지기도 한다.

최유진 시인의 말대로, 눈물도 약이 되는 순간이 있다. 그리고 그 눈물을 흘린 후 툭툭 털어내고 일어설 때, 우리는 조금 더 가벼운 마음으로 앞으로 나아갈 수 있는 것 같다.

우연처럼 찾아온 책 한 권

『405호실의 기적』에서 델마가 혼수상태에 빠진 아들 루이를 바라보며 느끼는 감정은 우리 모두에게 중요한 질문을 던진다.

"경기장에서 손뼉 좀 쳐주는 게, 격려 좀 해주는 게, 서로를 바라보며 웃음 짓는 게 뭐 그리 힘들었을까?"

이 질문은 우리가 일상에서 놓치고 있는 소중한 순간들에 대한 성찰을 담고 있다.

시간이 지나면 냄새가 흐려지듯, 우리의 기억도 희미해진다. 하지만 그 순간의 감정, 그 순간의 연결은 우리 삶에 진정한 의미를 부여한다.

델마가 깨달은 것처럼, 진정한 인생은 '젊음이라는 축복의 순간들'과 '카르페디엠(현재를 즐겨라)'에 있다.

〈죽은 시인의 사회〉라는 영화는 '카르페디엠'이라는 대사로 유명하다.

오늘에 집중하고 현재를 살라는 의미의 라틴어다.

카르페디엠은 원래 농사와 관련된 은유로서 로마의 시인인 호라티우스가 쓴 송가의 마지막 부분에 있는 시구이다.

카르페디엠, 쾀미니뭄 크레둘라 포스테로
- 오늘을 붙잡게, 내일이라는 말은 최소한만 믿고.

카르페란 말은 카르포 (덩굴이나 과실을 따다, 추수하다)라는 동사의 명령형이다.

과실을 수확하는 과정은 굉장히 고되고 힘들지만, 한 해 동안 땀을 흘린 농부에게 추수란 그 무엇과도 비교할 수 없는 행복일 것이다.

그래서 카르포 동사에 즐기다, 누리다란 의미가 더해져 '카르페 디엠', 곧 '오늘 하루를 즐겨라'라는 말이 되었다.

시인 호라티우스와 키팅 선생의 말은 내게 주어진 오늘을 감사하고 그 시간을 의미 있고 행복하게 보내라는 속삭임이다.

델마가 호텔에서 밤을 지새우며 만든 '기적 노트'는 자신의 삶을 돌아보고 미래를 상상하는 중요한 도구였다.

루이의 상태에 대한 불확실성 속에서도, 그녀는 모든 가능성을 받아들이고 자신의 진정한 행복이 무엇인지 탐색하기 시작했다.

이처럼 우리도 '10년 후의 나에게 편지 쓰기'와 같은 자기성찰 활동을 통해 현재의 삶을 되돌아보고, 미래의 행복을 위한 방향을 설정할 수 있다는 것이다.

독서는 단순한 취미를 넘어 자기성찰과 성장의 도구이다. 『405호실의 기적』과 같은 책은 우리에게 삶의 중요한 질문을 던지고, 그 답을 찾아가는 여정을 시작하게 한다.

이 책을 읽고 내 삶에서 진정한 행복을 찾기 위해 독서와 자기성찰을 연결해 봤다.

1. 의미 있는 관계의 가치

델마가 깨달은 것처럼, 행복은 종종 우리가 맺는 관계의 질에서 비롯된다. 가족, 친구, 동료와의 소소한 순간들—함께 웃고, 격려하고, 지지하는 순간들—이 우리 삶에 깊은 의미를 부여한다.

책을 통해 다양한 인간관계의 모습을 간접 경험하면서, 나 자신의 관계도 돌아볼 수 있었다.

어떤 관계가 나에게 진정한 기쁨과 의미를 주는지, 그리고 내가 그 관계에 어떻게 더 투자할 수 있는지 생각했다.

2. 현재 순간의 중요성

'카르페디엠'—현재를 즐기라는 철학은 『405호실의 기적』의 중심 메시지 중 하나다. 미래의 성공이나 과거의 실패에 사로잡혀 지금 이 순간을 놓치는 것은 큰 비극이므로.

매일 적어도 30분은 책 읽기에 투자하면서, 그 시간만큼은 온전히 현재에 집중하는 연습을 하기로 했다. 책 속 이야기에 몰입하는 경험은 마음 챙김의 한 형태니까

3. 자기성찰의 습관화

델마의 "기적 노트"처럼, 나만의 성찰 일기를 시작했다. 읽은 책에서 깊이 생각해 볼 만한 문장이나 아이디어를 기록하고, 그것이 내 삶에 어떤 의미가 있는지 탐색했다.

매주 일요일 저녁, 한 주 동안 읽은 책의 내용과 그로부터 얻은 통찰을 정리하는 시간을 가졌다.

4. 작은 기적들에 주목하기

루이의 회복을 기다리는 델마처럼, 삶은 때로 우리에게 인내와 희망을 요구한다. 그 과정에서 일상의 작은 기적들—아침 햇살, 좋은 책과의 만남, 우연한 미소의 교환—에 주목하는 것이 중요하다.

독서 일기에 하루 동안 경험한 '작은 기적'들을 기록했다. 이런 연습은 감사함을 키우고, 행복감을 높이는 데 도움이 되었다.

5. 변화와 불확실성을 받아들이기

델마가 루이의 상태에 대한 모든 가능성을 받아들이기로 결심했듯이, 삶의 불확실성을 수용하는 것도 행복의 중요한 요소다.

책을 통해 다양한 인생 경로와 선택의 결과를 접하면서, 내 삶의 불확실성도 더 편안하게 받아들일 수 있게 되었다.

매달 다른 장르의 책을 읽어보면서 새로운 관점과 가능성에 마음을 열어보기로 했다. 소설, 자기 계발서, 역사서, 과학 책 등 다양한 분야의 책을 통해 삶의 다양한 측면을 탐색했다.

6. 나만의 기적 노트 시작하기

델마의 기적 노트에서 영감을 받아, 나만의 기적 노트를 시작했다.

이 노트에는:

매일 읽은 책의 한 구절과

그에 대한 나의 생각

오늘 경험한 작은 기적들

내가 진정으로 행복했던 순간들

10년 후의 나에게 하고 싶은 이야기

현재 순간에 더 충실하기 위한 계획들.

이런 내용을 담았다.

『405호실의 기적』이 전하는 메시지처럼, 진정한 행복은 종종 거창한 성취나 물질적 풍요가 아닌, 소중한 사람들과 나누는 작은 순간들, 진심 어린 관심과 격려, 그리고 현재를 온전히 경험하는 데서 비롯된다.

독서는 이러한 깨달음을 얻고 실천하는 데 훌륭한 동반자가 될 수 있다.

책을 통해 다양한 삶의 모습을 간접 경험하고, 그로부터 얻은 통찰을 내 삶에 적용함으로써, 우리는 조금씩 더 행복하고 의미 있는 삶에 가까워질 수 있을 것이다.

한 권의 책과 한 페이지의 기적 노트로 시작하는 작은 변화가, 10년 후 돌아봤을 때는 내 삶의 진정한 기조이 되어 있기를 희망한다.

병원 생활 속 작은 쉼표

　내 삶의 쉼표가 된 책, 병원 복도에서 만난 나의 작은 행복, 책이 내게 주는 위안이 얼마나 큰지를.

　매일 아침 출근길, 가방 속에 슬며시 넣어두는 얇은 책 한 권. 그것은 하루 종일 분주한 병원 생활 속에서 나를 기다리는 작은 약속이다.

　10분의 휴식 시간, 때로는 점심시간 끝자락에 홀로 앉아 책장을 넘기는 순간만큼은 온전히 나에게 집중할 수 있는 시간이 된다.

간호사라는 직업은 언제나 긴장의 연속이다. 환자의 생명을 다루는 일이니 잠시라도 방심할 수 없다.

매 순간 정확한 판단과 신속한 대처가 요구되는 이곳에서, 책은 내게 잠시 숨을 고를 수 있는 '쉼표'가 되어준다.

동료들과의 수다도 물론 즐겁다. 하지만 어떤 날은 사람의 목소리보다 책 속의 문장이 더 깊이 내 마음을 어루만진다.

특히 짧은 시나 에세이는 바쁜 일과 중에도 부담 없이 읽을 수 있어 더없이 좋은 동반자다.

"오늘 하루도 고생했어."

퇴근 무렵 지친 내게 책이 속삭이는 듯하다.

때로는 환자의 고통에 함께 아파하며 지친 마음을, 때로는 과중한 업무에 지친 몸을 위로해 주는 것은 다름 아닌 책 속 문장들이다.

병원 곳곳에는 생과 사가 공존한다. 기쁨의 순간도, 슬픔의 순간도 함께하는 이곳에서 나는 종종 삶의 본질에 대해 생각하게 된다.

그리고 그 깊은 사색의 시간을 책이 함께 해 준다. 철학적인 에세이는 내가 마주하는 현실에 대한 새로운 시각을 제공하고, 소설은 다양한 삶의 모습을 통해 내 세계를 확장시킨다.

가끔은 병동 한편에 마련된 작은 휴게실에서 책을 읽고 있으면, 동료들이 호기심 어린 눈으로 다가온다.

"뭐 읽고 있어?"

그렇게 시작된 책 이야기는 우리를 더 가깝게 만들어준다.

서로 좋아하는 책을 추천하고, 감명 깊은 구절을 공유하는 시간은 업무적 관계를 넘어선 따뜻한 동료애를 형성한다.

요즘은 디지털 기기로 책을 읽는 경우가 많지만, 나는 여전히 종이책의 감촉을 사랑한다.

페이지를 넘기는 소리, 책 특유의 향기, 그리고 문장에 밑줄을 그으며 나만의 흔적을 남기는 즐거움. 이 모든 것이 내게는 소중한 의식(儀式)이다.

책 읽기는 나에게 단순한 취미를 넘어, 삶의 균형을 잡아주는 소중한 활동이 되었다. 책은 나를 나답게 지켜주는 작은 안식처다.

그래서 오늘도 나는 가방에 얇은 시집이나 에세이, 어떤 날은 소설 한 권을 넣는다. 병원 복도의 어딘가에서, 잠시 쉼표를 찍을 그 순간을 기다리며.

하루를 치열하게 살아가는 이들에게 자신의 삶을 되돌아보는 것은 쉽지 않은 일이다.

특히, 육체적, 정신적으로 많은 에너지를 소모하는 병원 직원들에게 삶과 행복의 의미를 찾는 것은 어려운 과제일 수 있다.

나는 환자와 주변 사람들의 슬픔과 어려움을 진심으로 공감하는 삶일까?

누구에게나 맞이할 순간인 죽음. 우리는 그 불확실한 시간과 장소, 방식에 대해 한 번쯤 생각해 보지만, 그 답을 알지 못한 채 살아간다.

간호사로서 나는 타인의 죽음을 가까이에서 지켜보는 직업을 가졌고, 그것이 내게 죽음의 의미를 성찰할 수 있는 특별한 기회를 제공했다.

통증 클리닉에서 근무했던 시간은 삶과 죽음의 경계에서 환자들과 함께하는 여정이었다.

암으로 인한 통증을 겪는 환자들이 대부분이었고, 그들의 고통을 지켜보며 감정이입을 의식적으로 자제하려 노력했다. 전문가로서의 객관성을 유지하는 것이 중요하다고 배웠기 때문이다.

하지만 간호사의 일상 속에서도 매너리즘은 찾아온다. 반복되는 업무와 끊임없는 환자들의 고통 앞에서 때로는 무감각해지곤 했다.

월요일 아침 회진에서 환자의 이름이 바뀌어 있을 때, 그것은 누군가의 생이 마감되었음을 의미했고, 그럴 때마다 가슴이 덜컥 내려앉는 공허함이 찾아왔다.

주말을 앞둔 어느 금요일 오후 회진 중, 한 환자분의 한탄이 내 귀에 들려왔다.

"항암 치료만 받고 남은 시간 가족들과 여행이나 할걸, 왜 수술을 해가지고 퇴원도 못하고 이렇게 답답하게 지내고 있는지…"

그 순간 나는 무슨 말을 해야 할지 몰랐다.

의학적 조언도, 위로의 말도 떠오르지 않았다.

그저 그분의 손을 잡아드리는 것밖에 할 수 없었다. 온기가 전해지는 그 순간, 우리 사이에는 말로 표현할 수 없는 무언가가 흘렀다. 그것이 마지막 만남이 될 줄은 몰랐다.

월요일 회진에서 그분의 병상이 비어 있었다. 일요일 아침, 하늘나라로 떠나셨다는 담당 간호사의 말을 들었을 때, 가슴 한편이 무거워졌다.

'어떤 결정을 하든 최선이었다고, 후회하지 않으셨으면 좋겠다'는 말을 해드리지 못한 아쉬움이 남았다.

일상으로 돌아와 그 순간을 잊고 있던 어느 날, 예상치 못한 방문객들이 찾아왔다.

그분의 가족들이었다.

그들은 마지막 순간에 그분의 손을 잡아준 것에 감사하다며 작은 선물을 건네주었다.

나는 당혹스러웠다. '내가 해드린 것은 아무것도 없는데'라는 생각뿐이었으니까.

그때 깨달았다.

때로는 의학적 처치나 전문적인 간호 행위보다, 한 사람으로서의 따뜻한 손길이 더 필요한 순간이 있다는 것을. 내가 잠시 잊고 있었던 간호의 본질을 그분은 마지막 순간까지 내게 일깨워 주고 계셨던 것이다.

간호는 단순히 육체적 질병을 치료하고 돌보는 것을 넘어, 환자의 영혼과 마음까지 보살피는 행위다. 때로는 말 한마디, 손길 하나가 누군가에게는 마지막 순간의 가장 큰 위로가 될 수 있다.

그분은 나에게 초심을 잃지 않도록 도와주신 소중한 스승이셨다.

그날의 경험은 내가 왜 이 길을 선택했는지, 진정한 간호란 무엇인지를 다시 한번 깊이 생각하게 해주었다.

간호사로서의 여정은 단순히 의학적 지식과 기술의 습득만으로는 완성되지 않는다. 그것은 인간에 대한 이해와 공감, 그리고 죽음 앞에서도 흔들리지 않는 따뜻한 마음을 요구한다.

그분의 마지막 순간에 함께할 수 있었던 것, 그리고 그 가족들의 감사 인사는 나에게 간호의 진정한 의미를 일깨워 준 소중한 선물이었다.

의료 행위 너머의 인간적 접촉이 때로는 가장 강력한 치유의 힘을 가진다는 것을 기억하며, 간호사로서의 초심을 지켜나가고 있다.

돌이켜보면, 내가 그분에게 해드린 것은 손을 잡아드리는 작은 행동이었지만, 그분이 내게 남겨주신 깨달음은 평생 간호사로서의 길을 걸어가는 데 등불이 되어주고 있다.

죽음 앞에서도, 아니 특히 죽음 앞에서 우리가 서로에게 줄 수 있는 가장 큰 선물은 어쩌면 진심 어린 인간적 온기가 아닐까 생각한다.

2장

낭독의 세계로 들어가다

책 읽기의 새로운 여정: 낭독의 발견

"혹자는 밤은 소비의 시간이고 새벽은 생산의 시간이라 했다."

워킹맘으로서 나만의 시간을 확보하는 것은 결코 쉽지 않았다. 하지만 사이토 히토리의 『1퍼센트 부자의 법칙』에서 배운 "못할 것도 없지!" 정신으로 새벽 시간을 나만의 책 읽기 시간으로 만들었다.

새벽은 특별하다. 아무도 방해하지 않는 고요함 속에서 온전히 나에게 집중할 수 있는 황금 시간대다.

일상의 소음과 침묵하는 이 시간, 마음의 창문이 활짝 열리고 책 속 지식이 가장 선명하게 내 안으로 들어온다.

사이토 히토리가 이렇게 말해 주는 것 같았다.

"새벽 독서는 당신의 하루를 결정짓는 1퍼센트의 행동입니다. 남들이 잠든 시간에 당신은 성장하고 있습니다. 불가능해 보이는 일도 '못할 것도 없지!' 하는 마음으로 시작하면 습관이 됩니다. 새벽의 고요함 속에서 읽는 한 페이지가 당신의 하루를 바꾸고, 그 하루가 당신의 인생을 바꿉니다."

코로나19는 우리 모두에게 어려운 시간이었지만, 또 많은 사람들에게 새로운 발견의 기회가 되기도 했다. 나 역시 그런 변화를 경험한 사람이다.

팬데믹이 시작되고 집에 머무는 시간이 늘어나면서, 미뤄왔던 독서에 시간을 더 많이 투자하고 싶었다.

그러나 어떻게 하면 효율적으로 책을 읽을 수 있을지 고민이었다.

특히 일과 가사로 바쁜 하루를 보내다 보니, 책을 읽을 수 있는 유일한 시간은 새벽뿐이었다.

처음에는 새벽에 조용히 앉아 책을 읽었지만, 졸음과의 싸움은 쉽지 않았다.

눈은 페이지를 따라가는데 머리는 잠에 빠져들기 일쑤였다. 그러던 어느 날, 우연히 소리 내어 책을 읽어보았는데, 놀랍게도 집중력이 배가 되는 것이었다.

"낭독은 단순히 글을 소리 내어 읽는 것 이상입니다. 입과 혀를 움직이며 소리를 내고, 자신의 목소리를 귀로 듣고, 적절한 곳에서 문장을 끊으며 여러 감각기관을 동시에 사용하는 것이죠. 이런 과정을 통해 집중력이 높아지고, 내용 이해와 기억력도 자연스럽게 향상됩니다."
〈크리에이터 - 도서관에 사는 남자〉

낭독의 매력에 빠진 나는 묵독보다 속도는 느리지만, 더 깊이 내용을 이해하고 오래 기억할 수 있다는 장점을 경험했다.

그러나 어디서 문장을 끊어 읽어야 의미 전달이 자연스러운지, 발음은 어떻게 해야 명확한지 등 새로운 고민이 생겼다.

점차 낭독에 흥미를 느끼면서 '나도 오디오북 성우처럼 낭독할 수 있을까?'라는 호기심이 생겼고, 코로나 상황에 맞춰 온라인 줌으로 낭독 수업을 찾아 등록했다.

이미 경험이 있는 다른 수강생들 사이에서 나는 완전 초보였지만, 열정적인 송정희 성우님의 지도 아래 9개월간의 과정을 무사히 마칠 수 있었다.

목소리, 영혼의 울림을 찾아가는 나의 낭독 여정을 소개한다.

때로는 우연한 만남이 인생의 방향을 바꾸기도 한다. 내게 낭독 수업은 그런 만남이었다.

병원에서의 분주한 일상에 지친 나에게, 낭독은 단순한 취미가 아닌 내면을 들여다보는 거울이 되었다.

그 첫 시간의 기억은 지금도 생생하다.

"목소리는 영혼의 울림이다."

서혜정 성우님의 이 말씀은 교실에 던져진 작은 돌멩이가 되어 내 마음에 파문을 일으켰다.

영혼의 울림이라니. 처음에는 이해하기 어려웠다.

영혼이 보인다고? 들린다고? 다소 추상적인 이 개념이 내게는 낯설게만 느껴졌다.

서혜정 성우님은 이어서 설명해 주셨다.

"목소리는 내면의 소리이기 때문에 영혼이라고 했어요. 우리의 목소리에는 감정과 감성까지도 묻어나거든요."

송정희 성우님도 『나에게 낭독』에서 이렇게 말씀하셨다.

"발음이 뭉개져 어눌하지만 끌리는 소리가 있다. 그 사람의 진심이 소리에서 나오기 때문이다. 삶이 묻어 나오는 소리이기에 그 사람이 어떤 삶을 살아왔는지 목소리만으로도 알 수 있다."

점쟁이가 따로 없다는 말씀에 웃음이 나왔지만, 곧 숙연해졌다. 내 목소리는 어떨까? 나의 삶은 어떻게 드러날까?

수업 중 녹음된 내 목소리를 처음 들었을 때, 낯설고 당혹스러웠다. 투박하고 톤이 높았다. 어딘가 늘 서두르는 듯한, 긴장된 목소리였다.

그제야 깨달았다. 이것이 바로 나의 삶이 만들어낸 소리였다는 것을.

병원에서 일하는 대부분의 사람들처럼, 나도 하루 종일 종종거리며 살았다. 응급 상황에 대비해 늘 긴장하고, 시간에 쫓

기며, 어깨는 항상 움츠러들어 있었다. 퇴근길이면 말 그대로 녹다운이 되었다.

내 목소리는 이미 내 직업을, 내 삶의 방식을 고스란히 드러내고 있었다.

50이 가까워지는 나이에 와서야 비로소 나를 돌아본 순간이었다.

"다 쏟아내야 한다."

송정희 성우님의 이 말씀은 나에게 큰 도전이었다. 병원에서는 늘 감정을 억누르며 살았다.

환자의 아픔에 공감하되 너무 감정적이 되지 않아야 했고, 긴급 상황에서는 차분함을 유지해야 했다.

그렇게 오랜 시간 감정을 통제하는 법을 배웠다.

하지만 낭독은 달랐다. 텍스트에 담긴 감정을 온전히 느끼고, 그것을 목소리에 담아내야 했다.

내 마음을 헤집고 들어오는 텍스트 앞에서 펑펑 울기도 했다. 웃음이 터져 나오는 글을 읽을 때는 억제하지 않고 웃음을 터뜨려야 했다.

처음에는 어색했다. 공공장소에서 감정을 드러내는 것이 익숙지 않았기 때문이다.

하지만 점차 나의 숨겨진 감정들과 마주하게 되었다. 그동안 바쁘다는 핑계로 돌보지 않았던 내면의 목소리들을 듣기 시작했다.

수업이 진행될수록 내 목소리에도 변화가 찾아왔다. 숨을 깊게 들이마시는 법, 복식호흡으로 소리를 안정시키는 법, 발음을 명확히 하는 법을 배우면서 목소리의 질감이 달라졌다.

하지만 더 중요한 변화는 내면에서 일어났다.

낭독을 통해 타인의 이야기를 전달하는 과정에서, 나는 더 깊이 공감하는 법을 배웠다.

작가의 의도를 이해하고, 그 감정을 나의 것으로 받아들인 후, 다시 청자에게 전달하는 과정은 마치 심리적 연금술과도 같았다.

가족들과 대화할 때, 조금 더 천천히, 조금 더 명확하게, 그리고 조금 더 따뜻하게 말하게 되었다.

급한 상황에서도 목소리가 덜 날카로워졌다. 아이들은 내가 좀 달라졌다고 했다.

"엄마 요즘 목소리가 달라졌어요. 듣기 좋아요."

나도 모르게 변화하고 있었던 나의 목소리, 나의 내면을 알아봐 주었기 때문이다.

낭독의 또 다른 매력은 다양한 글을 접하게 된다는 점이었다. 시, 소설, 에세이, 동화… 평소라면 읽지 않았을 장르의 글들을 만나게 되었다.

특히 시를 낭독할 때는 한 줄, 한 단어에 담긴 의미를 곱씹게 되었고, 그 과정에서 언어의 아름다움을 새롭게 발견했다.

낭독을 준비하며 수십 번 글을 읽고, 단어 하나하나의 뉘앙스를 고민하고, 어디서 쉬고 어디서 강조할지를 결정하는 과정은 마치 글의 지도를 그리는 작업 같았다.

그리고 그 지도를 따라가며 목소리로 풍경을 그려내는 일은 신비롭고도 경이로웠다.

"이 구절에서는 왜 이렇게 읽으셨나요?"

선생님의 질문에 대답하기 위해 나는 더 깊이 글을 이해하려 노력했고, 그 과정에서 문학적 감수성이 조금씩 자라났다.
병원에서의 정확함과 효율성을 추구하는 삶과는 다른, 여유롭고 사색적인 시간이었다.

"자신만의 목소리를 찾으세요."

처음에는 이해하기 어려웠다. 내 목소리는 이미 있는 것 아닌가? 하지만 낭독을 계속하면서 깨달았다. 우리에게는 여러 개의 '목소리'가 있다는 것을.

병원에서의 나, 가족과 함께 있을 때의 나, 친구들과의 나… 각각의 상황에서 나는 조금씩 다른 목소리를 내고 있었다. 그리고 그중 어떤 목소리가 가장 '나다운' 것인지 찾아가는 과정이 바로 낭독이었다.

때로는 내가 가진 '톤'이 너무 높다는 것이 고민이었다. 하지만 선생님은 말씀하셨다.

"자신의 목소리를 부정하지 마세요. 그것도 당신의 일부입니다. 다만, 그 목소리를 어떻게 활용할지를 배우는 것이 중요해요."

그 말씀은 낭독 수업을 넘어, 내 삶에 대한 태도를 바꾸는 계기가 되었다. 나의 특성, 나의 약점이라고 생각했던 것들을 부정하지 않고, 그것을 어떻게 활용할지 고민하게 된 것이다.

낭독은 예상치 못한 방식으로 나를 치유했다. 병원에서의 스트레스와 긴장감, 그동안 쌓아두었던 감정들이 목소리를 통해 흘러나왔다.

때로는 슬픈 텍스트를 읽다가 갑자기 눈물이 쏟아지기도 했고, 그것이 내 개인적인 슬픔과 연결되어 있음을 깨닫기도 했다.

"낭독은 자기 치유의 과정이기도 해요."

송정희 성우님의 이 말씀은 정확했다. 타인의 글을 읽으면서, 나는 종종 나 자신의 이야기를 발견했다.

그리고 그것을 소리 내어 읽음으로써, 마치 내 이야기를 누군가에게 고백하는 것과 같은 해방감을 느꼈다.

텍스트를 통해 다양한 삶의 모습을 접하면서, 나의 시야는 넓어졌고, 타인에 대한 이해도 깊어졌다.

병원의 긴장된 환경 속에서도, 잠시 화장실에 들어가 심호흡을 하고 좋아하는 구절을 중얼거리며 마음의 평정을 찾기도 한다. 낭독은 그렇게 일상의 작은 쉼표가 되었다.

50년 가까이 살면서, 낭독을 통해 비로소 나를 만나게 되었다. 그리고 그 여정은 아직 진행 중이다. 내 목소리는 여전히 변화하고 있으며, 나의 내면도 함께 성장하고 있다.

"목소리는 영혼의 울림이다."

이제 나는 이 말의 의미를 조금은 알 것 같다. 내가 내는 소리는 단순한 음파가 아니라, 나의 삶과 경험, 감정과 생각이 녹아든 나 자신의 표현이다.

그래서 낭독은 단순한 기술이 아닌, 자신을 발견하고 표현하는 예술이다.

내 마음을 헤집고 들어오는 텍스트들과 함께, 나의 낭독 여정은 계속될 것이다.

서혜정 성우님과 송정희 성우님 덕분에 시작된 이 여정에서, 나는 계속해서 나의 목소리, 나의 영혼의 울림을 찾아갈 것이다.

새벽의 목소리, 나를 깨우다

창밖으로 아직 어둠이 채 가시지 않은 새벽. 온 세상이 고요한 그 시간, 나는 책을 펼쳐 들고 조용히 입을 열었다.

"오늘날 우리가 보는 세계의 불평등한 부의 분배는 어쩌면 수천 년 전부터 시작된 인류 문명의 발전 과정에서 비롯되었는지도 모른다."

재러드 다이아몬드의 『총, 균, 쇠』의 문장이 내 입을 통해 공기 중으로 퍼져나갔다.

모니터 속에서는 다른 이들도 각자의 공간에서 같은 책의 다음 문장을, 또 그다음 문장을 이어가고 있었다.

코로나19가 일상을 뒤흔들던 그때, 사회적 거리 두기가 시작되고 퇴근길 자주 가던 도서관까지 대여 서비스만이 가능하다고 하니 이 기회에 밀린 책을 더 읽어야겠구나 싶었다.

그러나 생각과는 다르게 새벽에 일어나야 가능한 일이 고단함이 나를 누르기 시작했다.
커피로도 안 되는 새벽에 일어나기는 스트레스가 되었다.

그러다 우연히 소리 내어 책을 읽었다. 말로 발음하고, 귀로 듣는 과정을 통해 더 집중이 잘 되는 것이었다.

눈으로만 읽을 때는 한 줄, 한 페이지를 넘기며 마음은 이미 다른 생각으로 표류하곤 했는데, 소리 내어 읽으니 글자 하나하나가 선명하게 의식 속으로 들어왔다. 새로운 책 읽기 방식을 알게 된 것이다.

블로그에서 '난다유님'의 '새벽 낭독'을 알게 되었다. 처음에는 단순한 호기심이었다.

매일 아침 이른 시간에 모여 책을 소리 내어 읽는다니, 그것도 온라인으로? 반신반의하며 참여한 첫 시간이 내 삶의 방향을 바꿀 줄은 몰랐다.

새벽 4시 30분, 알람이 울리면 눈을 비비며 일어나 컴퓨터 앞에 앉았다. 처음에는 졸음과 싸우며 억지로 참여했다.

그러나 시간이 지날수록 이 시간이 기다려지기 시작했다. 아침의 고요함 속에서 여러 사람들과 함께하는 낭독은 묘한 연대감을 선사했다.

낯선 이들과 같은 페이지를 함께 넘기는 경험은 코로나로 단절된 일상 속에서 새로운 형태의 소통이었다.

소리 내어 책을 읽으면 내용 이해와 기억력이 향상되고 언어감각이 발달한다고 한다.

실제로 그랬다. 소리 내어 읽으면서 문장의 리듬감, 작가의 호흡, 단어의 질감까지 느낄 수 있었다. 눈으로만 읽었다면 지나쳤을 표현들이 귀를 통해 들어오니 더 깊은 의미로 다가왔다.

새벽 낭독에서는 고전소설과 철학 등 다양한 책을 읽었다. 그중에서 '벽돌 책'이라고 불리는 두꺼운 책들을 함께 읽으니 더 시너지가 났다. 혼자라면 엄두도 내지 못했을 책들이 여럿이 함께하니 어느새 끝까지 읽게 되었다.

『총. 균. 쇠』를 비롯해 『사피엔스』, 『코스모스』같은 두꺼움을 자랑하는 여러 책을 함께 낭독했다.

처음에는 한 문장, 한 단락씩 번갈아 읽는 것이 어색했지만, 점차 각자의 목소리와 낭독 스타일이 어우러져 하나의 흐름을 만들어갔다.

두꺼운 책을 읽기 두렵다면 낭독으로 천천히 읽어보길 추천한다. 매일 조금씩, 꾸준히 읽다 보면 어느새 마지막 페이지에

도달해 있을 것이다.

혼자라면 중간에 포기했을지도 모를 책들이 함께하는 낭독의 힘으로 완독의 기쁨을 선사했다.

낭독은 텍스트에 새로운 차원을 더한다. 작가가 글로 표현한 것을 목소리로 재해석하는 과정이다. 같은 문장도 누가, 어떤 감정으로, 어떤 속도로 읽느냐에 따라 전혀 다른 느낌으로 다가온다.

철학서를 읽을 때는 천천히, 곱씹듯이 읽으며 사유의 깊이를 더했고, 소설을 읽을 때는 등장인물의 대사에 감정을 실어 인물이 살아 숨 쉬는 듯한 경험을 했다.

시를 낭독할 때는 한 줄, 한 단어에 담긴 의미를 음미하며 시인의 마음에 더 가까이 다가갈 수 있었다.

특히 고전을 낭독할 때는 현대어로 번역된 텍스트지만 소리 내어 읽으니 원문의 리듬과 울림까지 느껴지는 듯했다.

새벽 낭독은 내 하루의 시작을 바꾸었다. 전에는 늘 부족한 잠을 핑계로 아침을 허둥지둥 시작했다면, 이제는 여유롭게 하루를 맞이하게 되었다.

낭독이 끝나고 창밖으로 떠오르는 해를 바라보며 마시는 커피 한 잔의 여유가 생겼다.

처음에는 스트레스였던 새벽 기상이 어느새 습관이 되었다. 새벽의 고요함, 그 시간만의 특별한 에너지를 발견하게 된 것이다.

밤이 가고 새 날이 시작되는 그 경계의 시간에 책을 읽으며 나도 함께 새로워지는 느낌이었다.

더불어 독서에 대한 태도도 바뀌었다. 전에는 책을 '읽어야 할 과제'로 여겼다면, 이제는 '함께 나누는 기쁨'으로 여기게 되었다. 책이 더 이상 고립된 경험이 아니라 소통과 교감의 매개체가 된 것이다.

새벽 낭독은 책만 선물한 것이 아니다.
같은 책을 읽는 다양한 사람들과의 만남도 소중한 경험이었다.

직업도, 나이도, 사는 곳도 다른 사람들이 한 권의 책으로 연결되어 각자의 시선과 생각을 나누는 시간은 언제나 풍요로웠다.

낭독 후에는 간단한 소감을 나누는 시간이 있었다. 같은 책을 읽고도 이렇게 다양한 해석과 느낌이 있다는 것을 알게 된 것도 큰 수확이었다.

누군가는 정치적 관점으로, 누군가는 심리학적 관점으로, 또 누군가는 개인적 경험과 연결 지어 책을 바라보았다. 이런 과정을 통해 책은 더 입체적으로 다가왔고, 나의 독서 세계도 더 넓어졌다.

소리 내어 읽는다는 것은 단순히 눈으로 읽는 것과는 다른 체험이다. 그것은 온몸으로 텍스트를 경험하는 일이다.

눈으로 보고, 입으로 발음하고, 귀로 듣고, 때로는 손짓과 표정으로까지 표현하게 된다. 그 과정에서 텍스트는 더 깊이 내 안으로 스며든다.

또한 낭독은 느림의 미학을 가르쳐 준다. 빠르게 정보를 훑어보는 데 익숙한 현대인에게, 한 단어, 한 문장을 천천히 음미하며 읽는 경험은 특별하다.
그 느림 속에서 오히려 더 많은 것을 발견하게 된다.

"낭독은 단순히 책을 소리 내어 읽는 행위가 아닙니다. 우리의 호흡, 발음, 감정을 모두 동원해 텍스트에 생명을 불어넣는 과정이죠."

난다유님의 이 말은 내게 깊은 울림을 주었다.

묵독할 때는 스쳐 지나갔던 문장들이 목소리를 통해 지나갈 때는 전혀 다른 무게와 색채를 가지고 다가왔다.

우리 '새낭님들'은 서로 다른 배경과 나이를 가졌지만, 책과 낭독이라는 공통분모로 깊은 유대감을 형성했다.

　처음에는 어색했던 목소리가 점차 자신감을 얻어 갔고, 발음과 호흡, 감정 표현 등 낭독의 기술도 하나씩 향상되었다.
　스스로를 '병아리 낭독자'라 부르며 서로의 성장을 응원했던 그 시간들이 지금도 생생하다.

　가장 기억에 남는 것은 함께 준비했던 낭독 경연대회였다.
서혜정낭독연구소와 '우리는 북튜버다'의 콜라보 행사였다.
　어디서 용기가 났는지 2년 넘게 새벽마다 만나는 새낭님들과 함께 참가하고 싶어 무작정 신청했다.

　처음 참가 신청을 했을 때는 설렘보다 두려움이 컸다. 평소 책을 읽고 감상을 나누는 것과 무대에 서서 낭독하는 것은 완전히 다른 차원의 경험이었으니까.

　그래도 함께하는 새낭님들이 있어 용기를 낼 수 있었다.
　대회 준비 기간은 생각보다 더 힘들었다.
　낭독할 작품을 선정하는 것부터 쉽지 않았다.

각자의 목소리와 개성에 맞는 작품을 찾기 위해 수십 편의 글을 읽고 또 읽었다. 서로의 낭독을 들어주고 피드백을 나누는 과정에서 우리는 더 가까워졌다.

리허설 때 무대에 올랐는데 너무 벅찼다. 무대와 관객의 거리가 너무 가까워 떨림이 그대로 전달될 것 같았다. 청심환이라도 먹어야 하나 싶었다.

마이크 테스트를 하는 순간, 내 목소리가 홀 전체에 울려 퍼지는 것을 듣고 가슴이 두근거렸다.

드디어 본 대회 날, 우리는 서로를 격려하며 무대에 올랐다. 첫 문장을 낭독하기 시작할 때는 목소리가 떨렸지만, 점점 이야기에 몰입하면서 떨림은 사라지고 오직 글과 하나가 되는 경험을 했다. 관객들의 집중된 눈빛을 느끼며 글의 감정을 온전히 전달하고 싶었다.

비록 상은 받지 못했지만, 그 과정에서 우리는 서로의 목소리가 가진 특별함을 발견했다.

같은 문장도 각자 다른 색깔로 표현되는 것이 신기했다. 누군가는 부드럽게, 누군가는 강렬하게, 또 누군가는 섬세하게 같은 이야기를 들려주었다.

대회가 끝난 후, 우리는 근처 카페에 모여 그동안의 여정을 나누었다.

처음에는 단순히 도전해보자는 마음으로 시작했지만, 그 과정에서 얻은 것들이 너무나 컸다.
문학을 더 깊이 이해하게 되었고, 목소리로 전하는 이야기의 힘을 체험했다.

낭독 경연대회의 떨림과 새낭님들과 함께 했던 시간들이 또 다른 활력소가 되었다.
이제 우리는 매일 아침 만날 때마다 그때의 경험을 웃으며 회상한다.
그리고 언젠가 다시 도전할 날을 꿈꾼다.

묵독과 낭독, 어느 것이 더 나은지 단정할 수는 없다.

하지만 확실한 것은 낭독을 통해 책과 세상, 그리고 나 자신을 새롭게 발견했다는 사실이다. 코로나19라는 어려운 시기가 가져다준 뜻밖의 선물, 새벽 낭독의 경험은 내 삶의 소중한 부분이 되었다.

여러분도 한번 도전해 보는 건 어떨까? 아침의 고요함 속에서 책 한 권을 들고, 여러분의 목소리로 새로운 세상을 열어보는 것. 그 경험은 분명 당신의 하루를, 아니 삶을 더 풍요롭게 만들어줄 것이다.

오디오북 완성, 나의 재발견

"여러분의 목소리로 세상을 밝힐 수 있다면 어떨까요?"

낭독 수업이 끝나갈 무렵 이 질문은 내 낭독 여정의 전환점이 되었다. 함께 낭독 수업을 듣고 있던 그분은 이미 시각장애인을 위한 낭독봉사를 하고 계셨고, 우리에게도 그 가능성을 열어주셨다.

나는 망설임 없이 실로암시각장애인복지관의 문을 두드렸다. 복지관에서는 재택으로 낭독봉사를 진행하고 있었다.

처음 오디오북 녹음을 시작했을 때, 나는 그저 내 목소리로 누군가에게 이야기를 들려주는 일이 얼마나 복잡하고 정교한 작업인지 알지 못했다.

내 방 한 켠에 마이크를 설치하는 것으로 모든 준비가 끝났다고 생각했다.

첫 녹음 날, 나는 열정만 가득했다.
복지관에서 사용할 오디오북을 만들겠다는 마음으로 책을 펼쳤고, 맑은 목소리로 읽기 시작했다.
그러나 녹음 파일을 들어보니 예상치 못한 소리들이 가득했다.

창문 너머로 들리는 차 소리, 위층에서 내려오는 발자국 소리, 심지어 내가 인식하지 못했던 내 숨소리까지. 현실은 생각보다 훨씬 냉혹했다.

매일 밤 가족들이 잠든 후에야 비로소 조용한 시간이 찾아왔다.
밤 11시, 때로는 자정을 넘겨서야 녹음을 시작할 수 있었다.

남편이 "오늘은 야근이다"라고 문자를 보내면, 속으로는 '더 늦게 와주면 좋겠다'고 생각하며 마이크를 준비했다. 고요한 밤이 필요했기 때문이다.

한 문장을 완벽하게 읽기 위해 수십 번을 반복하던 날들. 목이 쉬어 허브티를 마시며 다음 날을 기약하던 순간들.
편집 프로그램을 익히느라 새벽까지 유튜브 강의를 보던 시간들. 모두 쉽지 않은 여정이었다.

편집 과정 또한 만만치 않았다. 소음을 제거하고, 목소리 톤을 일정하게 유지하며, 페이지를 넘기는 소리나 갑작스러운 기침 소리를 지우는 일, 미흡하나 들어 줄만한 오디오북 완성을 위해 몇 시간씩 컴퓨터 앞에 앉아 있었다.

3개월의 시간이 흘러 마침내 한 권의 오디오북이 완성되었다. USB에 담아 복지관에 전달했을 때, 시각장애를 가진 분들이 이 오디오북을 들으며 즐거워할 모습을 상상하니 가슴이 뭉클해졌다.

홈레코딩으로 오디오북 한 권을 완성하는 일은 결코 쉽지 않았다. 하지만 누군가에게 기쁨을 줄 수 있다는 생각에 또 다른 한 권을 준비하고 있다.

내가 읽은 한 문장, 한 페이지가 누군가에게는 새로운 세상을 여는 창이 된다는 생각이 힘든 순간마다 나를 일으켜 세웠다. 책 한 권을 완성했을 때의 그 성취감은 말로 표현하기 어렵다.

'나도 아직 사회에 의미 있는 존재구나'라는 깨달음은 일상의 작은 행복을 넘어 삶의 확장된 의미를 발견하는 순간이었다.

귀가 아닌 마음으로 듣는 이야기:
청각장애 학생과 코스모스를 읽다

코로나의 긴 터널을 지나 다시 대면 봉사의 문이 열렸다. 삼성 소리샘 복지관으로부터 한 통의 연락을 받았을 때, 내 마음은 설렘과 불안으로 가득 찼다.

청각장애를 가진 중학생과 함께하는 낭독 봉사. 처음 접하는 영역이었다.

"보통 청각장애인 봉사는 구화가 필요한데…"

전화를 끊고 한참을 고민했다. 선천적 청각 문제로 인공와우 수술을 받고 발음 교정 중인 학생이라고 했다. 여느 봉사와는 달랐다.

인공와우 수술은 고도 혹은 심도 난청으로 보청기 효과가 없는 사람에게 시행하는 수술로, 전기 자극을 통해 청신경을 직접 자극하여 소리를 들을 수 있게 해주는 의료기기를 달팽이관에 이식하는 수술이다.

아이와 어떻게 소통해야 할지, 낭독은 어떻게 진행해야 할지 막막했다. 첫 대면 봉사 수업이라는 사실이 나를 더욱 긴장시켰다.

답을 찾기 위해 송정희 성우님께 연락을 드렸다. 다년간의 경험과 전문성을 갖춘 분이라면 조언을 해주실 수 있을 거라 기대했다.

"죄송합니다. 청각장애인과 낭독 수업을 해본 적이 없어서."

예상치 못한 답변에 잠시 주춤했다.

그러나 이내 깨달았다. 전문가의 조언도 좋지만, 결국 가장 중요한 건 인간 대 인간으로서의 만남이 아닐까?

"선생님이기 전에 나는 엄마다. 내 아이와 책을 읽는다면 어떻게 할까?"

단순하지만 가장 본질적인 질문이 나를 이끌었다. 우선 아이를 만나 이야기를 나누고, 아이의 필요와 관심사를 이해한 다음 수업을 진행하기로 했다.

봉사 첫날, 떨리는 마음으로 복지관 문을 열었다. 책상앞에 앉아 기다리고 있는 아이의 모습이 보였다.

"안녕하세요. 오늘부터 함께 책을 읽게 된 선생님입니다."

환한 미소로 인사를 받는 아이의 모습에 긴장이 조금 풀렸다.

아이는 자신을 소개했다.

선천적인 청각 장애가 있지만, 인공와우 수술 덕분에 소리를 들을 수 있다고 했다. 다만 발음이 명확하지 않아 연습 중이라고.

그리고 책을 정말 좋아한다고 밝혔다.

"제가 읽고 싶은 책이 있어요. 『코스모스』라는 책인데 아세요?"

칼 세이건의 『코스모스』. 과학의 경이로움을 대중에게 전한 명저였다. 중학생이 선택하기에는 조금 어려울 수도 있는 책이었지만, 아이의 열정적인 눈빛을 보니 충분히 가능할 것 같았다.

"좋아요. 함께 우주의 신비로운 여행을 떠나볼까요?"

우리는 그렇게 코스모스의 페이지를 넘기기 시작했다. 처음에는 서로 어색했지만, 책 속 이야기에 점점 빠져들면서 그 어색함은 자연스럽게 녹아내렸다.

청소년기는 많은 변화와 고민이 찾아오는 시기다. 특히 장애를 가진 아이들에게는 더 많은 도전과 어려움이 있을 수 있다.
우리의 낭독 시간은 단순히 책을 읽는 것을 넘어, 아이의 내면을 이해하고 공감하는 시간이 되었다.

"선생님, 우주가 이렇게 넓다는 게 믿기지 않아요. 저도 언젠가 우주를 연구하는 과학자가 될 수 있을까요?"

아이의 질문에 나는 진심으로 대답했다.

"물론이야. 너의 꿈을 제한하는 것은 아무것도 없어."

『코스모스』를 읽으며 우리는 종종 책 내용을 벗어나 삶의 고민과 꿈에 대해 이야기했다.
사춘기 특유의 예민함과 반항심이 때로는 드러났지만, 그것 역시 성장의 일부라고 생각했다.

"오늘은 기분이 별로예요. 학교에서 친구들이."

아이가 학교에서 겪는 어려움을 털어놓을 때면, 책은 잠시 접어두고 이야기를 나눴다. 청각장애를 가진 아이가 일반 학교에서 적응하는 것은 쉽지 않을 터.

그럴 때마다 나는 내 아이에게 해주듯 경청하고 공감했다.

"그런 일이 있었구나. 정말 속상했겠다. 하지만 알아? 네가 얼마나 대단한 아이인지를."

청각장애를 가진 아이와의 낭독은 새로운 도전이었다. 처음에는 적절한 속도와 톤을 찾는 것이 어려웠다. 너무 빠르면 아이가 따라오지 못했고, 너무 느리면 지루해했다.

"선생님, 조금 더 입 모양을 크게 해주시면 더 잘 이해할 수 있을 것 같아요."

아이의 솔직한 피드백은 큰 도움이 되었다. 나는 입 모양을 더 명확히 하고, 필요할 때는 중요한 단어를 종이에 적어가며 진행했다.

또한 낭독 후에는 항상 내용을 함께 정리하는 시간을 가졌다.

"오늘 읽은 내용 중에 가장 인상 깊었던 부분은 어디였어?"

이런 질문을 통해 아이의 이해도를 확인하고, 더 깊은 생각을 나눌 수 있었다. 때로는 아이가 직접 낭독하는 시간도 가졌다.

발음이 명확하지 않은 부분이 있었지만, 그것은 전혀 문제가 되지 않았다.
오히려 아이의 자신감을 키워주는 소중한 기회였다.

처음 시작할 때의 걱정과 달리, 청각장애 아이와의 낭독 봉사는 내 인생에서 가장 보람찬 경험 중 하나가 되었다.

전문가의 조언이 없어도, 완벽한 방법을 알지 못해도, 진심을 다해 마주하면 길은 자연스럽게 열린다는 것을 배웠다.

봉사는 단순히 돕는 행위가 아니라 함께 성장하는 여정이다. 아이에게 책을 읽어주며 나 역시 많은 것을 배웠다. 장애의 의미, 소통의 본질, 그리고 인간관계의 아름다움을.

사람들은 종종 장애를 한계로 바라본다. 하지만 이 아이와 함께한 시간은 나에게 다른 시각을 알려주었다.

장애는 단지 다른 방식으로 세상을 경험하는 것일 뿐, 불가능을 의미하지 않는다. 오히려 그 과정에서 더 깊은 창의성과 회복력이 피어난다.

한 페이지, 한 페이지 넘기며 우리는 함께 성장할 것이다. 봉사를 통해 나눈 시간들이 아이의 삶에 작은 변화를 가져왔기를, 그리고 그 변화가 더 넓은 세상으로 퍼져나가기를 바란다.

이것이 봉사의 진정한 의미가 아닐까. 서로에게 빛이 되어주는 것. 그 빛으로 더 밝은 세상을 만들어가는 것. 청각장애 아이와의 낭독 봉사는 나에게 그런 소중한 깨달음을 선물했다.

"별이란 무엇인가? 이러한 질문은 아기의 웃음만큼이나 자연스러운 것이다. 인류는 끊임없이 같은 질문을 반복하면서 살아왔다. 책과 도서관은 이러한 질문의 답이 무엇인지 밝혀주는 수단이다."

칼 세이건의 『코스모스』

세이건의 이 구절처럼, 우리의 낭독 시간은 단순한 책 읽기를 넘어 우주와 인류의 근원적 호기심에 대한 여정이었다.

우주, 별에 특별한 관심을 가진 학생과 함께 4개월에 걸쳐 『코스모스』의 페이지를 넘기며, 인류의 역사부터 우주의 신비까지 탐험했다.

『코스모스』는 단순한 과학 책이 아니다.

세이건은 과학, 철학, 역사, 예술을 아우르며 우주와 인간의 관계를 탐구한다. 학생과 함께 이 책을 읽으며 드서관에서 관련 서적들을 찾아 추가로 읽고 토론했다.

우주의 시작인 빅뱅 이론부터, 별의 일생, 블랙홀, 외계 생명체의 가능성까지 다양한 주제로 대화를 나눴다

특히 세이건이 말한 "우리는 별의 물질로 이루어져 있다"라는 구절은 학생에게 깊은 인상을 주었다.

우리 몸의 원자들이 별의 핵융합 과정에서 만들어진 것이라는 사실은, 우리가 우주와 얼마나 깊게 연결되어 있는지를 일깨워 주었다.

단순한 낭독봉사로 시작했지만, 시간이 지날수록 서로에게 귀중한 배움의 시간이 되었다.

학생은 청각의 제한에도 불구하고 우주에 대한 무한한 호기심과 지적 열정을 보여주었고, 나는 그런 학생의 모습에 감동되어 더 다양한 과학 서적을 찾아 읽게 되었다.

복지관에서 시작된 이 작은 만남은 결국 우리 모두를 더 넓은 세계로 이끌었다. 칼 세이건이 말했듯,

"우리가 우주를 이해하려는 것은 단지 지식을 얻기 위해서가 아니라, 그것이 우리가 어디서 왔고 누구인지를 알려주기 때문이다."

이 봉사활동을 통해 책과 지식의 가치, 그리고 서로 다른 세계를 이해하고 연결하는 소통의 중요성을 다시 한번 배울 수 있었다.

『코스모스』와 함께한 4개월은 별이 빛나는 밤하늘처럼 오래도록 기억에 남을 것이다.

점자로 잇는 세상:
도서 입력 봉사의 시작

동정에는 무언가 고양하고 우월감을 주는 점이 있다.
봉사는 마약이라고.
처음엔 의무적으로 했지만 이젠 봉사로 하는 낙에 산다고
마치 사랑에 빠진 사람처럼 말한다.

니체는 이것을 '동정적인 행위에 세련된 자기방어가 존재한다.'라고 말한다.

봉사에 관한 글을 만났다. 나에게 봉사란 무턱대고 나를 위로하기 위한 것이었나?

"시간이 없다"라는 핑계를 늘어놓으면서도 어떤 이유에선지 그 자리를 지켰다.

니체의 말처럼 나의 봉사가 "세련된 자기방어"였을까? 내 마음속 공허함을 채우는 위로의 수단이었을까?

처음 도서 입력 봉사를 시작했을 때, 나는 순수한 의도를 가졌다고 믿었다. 그저 누군가에게 도움이 되고 싶었다. 하지만 니체의 말이 마음에 박혔다.

"동정적인 행위에 세련된 자기방어가 존재한다."

이 문장은 내가 감히 마주하지 못했던 진실을 드러냈다.

"시간이 없다" 라는 말을 입에 달고 살면서도, 봉사 시간만큼은 어떻게든 지켰다.

왜일까?

혹시 내 공허함을 채우기 위한 수단이었을까? 타인을 돕는다는 미명 하에 숨겨진 나의 이기심은 무엇이었을까?

한 동료가 물었다.

"산책할 시간도 없는데 봉사는 왜 해요?"

나는 즉각적으로 대답했다.

"봉사는 부러 시간을 내서 하는 거예요."

그 순간 내 입에서 나온 말이었지만, 그것이 온전한 진실인지는 스스로도 확신할 수 없었다.

어쩌면 나는 '봉사자'라는 정체성에서 오는 만족감을 은밀히 즐기고 있었는지도 모른다.

홈레코딩 오디오북 봉사활동을 통해 시각장애인들의 현실을 알게 되었을 때, 나는 충격을 받았다. 점자도서가 턱없이 부족하다는 사실.
우리가 당연하게 여기는 독서의 즐거움이 누군가에게는 간절한 소망이라는 것.

특히 놀라웠던 것은 많은 시각장애인들이 오디오북보다 점자책을 선호한다는 사실이었다.

"직접 읽는 느낌, 그 촉감이 주는 독서의 즐거움은 다른 것으로 대체할 수 없어요."

그들의 말에서 책을 향한 진정한 사랑을 느꼈다.
손끝으로 글자를 더듬으며 읽는 그 순간의 몰입감, 책장을 넘기는 기쁨, 이것이 그들에게는 오디오북이 줄 수 없는 소중한 경험이었다.

복지관에서 도서 입력 봉사는 개인적으로는 어렵다고했다. 10명이상의 단체는 가능하다는 답변을 받았을 때, 나는 포기하지 않았다.
대신 부서장에게 제안했다.

"우리 부서에서 함께 해보면 어떨까요?"

처음에는 의아해하던 동료들도 점차 관심을 보이기 시작했다. 한 명, 두 명 동참하는 사람들이 늘어나면서 우리 부서의 작은 움직임이 시작되었다.

"봉사는 마약과 같다"라는 표현이 이해되기 시작했다.

처음에는 의무감으로 시작했지만, 어느새 그 시간이 기다려지고 소중해졌다. 정신없이 바쁜 일상 속에서도 도서 입력 봉사를 위한 시간은 다르게 느껴졌다.

그것은 단순한 봉사가 아니라, 누군가의 세계를 넓혀주는 창문을 여는 작업이었다.

흥미로운 점은 봉사를 통해 내가 더 많은 것을 받고 있다는 느낌이었다. 타인을 위한 일이 결국 나를 더 풍요롭게 만들었다.

이것이 바로 니체가 말한 '세련된 자기방어'일까? 아니면 진정한 공감의 과정에서 자연스럽게 일어나는 상호작용일까?

매주 조금씩 입력하는 글자들이 모여 하나의 책이 되어갔다. 그 과정에서 나는 내가 미처 생각하지 못했던 특권들을 깨달았다.

손쉽게 책을 집어 들고, 글자를 읽고, 새로운 세계로 빠져드는 일상적인 행위가 얼마나 소중한 특권인지를.

봉사를 통해 배운 것은 단순히 남을 돕는 행위의 가치만이 아니었다.

나의 작은 행동이 누군가에게 큰 변화를 가져올 수 있다는 가능성, 그리고 그 과정에서 나 자신도 변화한다는 진실이었다.

사회적 약자에 대한 배려가 부족한 세상에서, 내가 만든 작은 파문이 더 큰 물결을 일으키길 바란다.

동료들과 함께하는 도서 입력 봉사는 이제 우리 부서의 작은 문화가 되었다.

처음에는 의무적으로 시작했지만, 이제는 그것이 주는 기쁨으로 살아간다고 해도 과언이 아니다.

봉사는 세상을 바꾸는 것이 아니라, 나를 바꾸는 것인지도 모른다.

시각장애인들에게 점자책을 제공하는 것은 단순히 정보 접근성의 문제가 아니라, 그들의 독서 경험과 지적 즐거움에 대한 권리를 인정하는 일이다.

그리고 그 과정에서 나는 내 안의 공허함을 채우는 위로를 넘어, 진정한 연결과 성장을 경험하고 있다.

니체의 말처럼 동정에는 고양되고 우월해지는 느낌이 있을지 모른다.
하지만 진정한 봉사는 그 단계를 넘어, 서로의 인간성을 인정하고 함께 성장하는 여정이 아닐까?

나의 도서 입력 봉사는 여전히 진행 중이다. 그리고 이 여정에서 나는 계속해서 질문한다.

나는 왜 봉사하는가? 그 답을 찾아가는 과정이 어쩌면 봉사의 진정한 의미일지도 모른다.

3장

나만의 책 읽기 방법

모든 사람에게 두루 통하는 독서법이란 없다.

읽거나 들은 방법 가운데 설득력 높은 것을 골라 직접 실천해보면서 자신에게 맞는 독서법을 찾아내야 한다.

책읽기 섭생법

• **실용서**

처음부터 끝까지 다 볼 필요는 없다. 같은 주제를 다룬 책을 몇 권 읽었다면 새로운 것만 골라 읽으면 된다. 중복되는 게 많다.

- 소설

꼼꼼하게 감정이입하며 읽어야 한다. 각별히 문학은 이른바 전작주의 독서법을 권할 만하다. 한 작가의 작품을 다 읽어 보는 것이다. 그때 비로소 작가의 독자적인 세계관과 오롯이 만날 수 있다.

- 인문서

같은 주제를 다룬 서로 다른 경향의 책을 함께 읽어 보는 것이 좋다. 특정한 입장만 강조하는 책을 읽어서는 균형 잡힌 시선을 확보하기 힘든 까닭이다.

『책읽기의 달인 호모부커스』 이권우

누구나 한 번쯤은 책을 더 효율적으로 읽고 싶다는 생각을 해봤을 것이다. 하지만 수많은 독서법 중에서 어떤 것이 나에게 맞는지 알기란 쉽지 않다.

이권우 작가의 말처럼, 우리는 몸에 좋은 음식을 찾기 위해 이것저것 시도하듯이 정신의 양식인 책을 읽는 방법도 직접 시도해보며 나만의 방식을 찾아야 한다.

다양한 방법 중 어떤 것이 나에게 맞는지는 직접 경험해봐야 알 수 있다. 한 가지 방법만 고집하기보다는 책의 종류나 상황에 따라 유연하게 적용해야 한다.

소설을 읽을 때와 실용서를 읽을 때는 접근 방식이 달라야 한다.

처음에는 어색하고 불편할 수 있다. 마치 새로운 운동을 시작했을 때 근육통을 느끼는 것과 비슷하다. 하지만 꾸준히 실천하다 보면 점차 자신만의 리듬을 찾게 될 것이다.

무엇보다 중요한 것은 '꾸준함'이다. 매일 조금씩이라도 책을 읽는 습관을 들이는 것이 어떤 특별한 기술보다 더 중요하다. 하루 10분이라도 매일 읽는 사람이 주말에 몰아서 읽는 사람보다 더 많은 책을 읽게 된다.

이권우 작가가 말한다. 책 읽기에 왕도는 없지만 방법은 있다고. 그 방법을 찾아가는 과정 자체가 하나의 여정이 되어, 우리의 독서 경험을 더욱 풍요롭게 만들어 줄 것이다

21일의 마법:
작은 습관의 힘

삼칠일(三七日) 풍습과 책 읽기 습관을 연결해서, 도전 형식으로 습관의 중요성을 강조하는 글을 봤다.

아기가 태어나면 삼칠일, 즉 21일 동안 집안에 금줄을 치고 외부와 차단하는 전통이 있다.

이 기간은 아기와 산모가 새로운 환경에 적응하고, 건강을 회복하는 데 집중하는 소중한 시간이다. 예로부터 우리 조상들은 이 21일을 '새로운 시작'의 기간으로 여겼다.

이처럼 21일은 새로운 습관을 만드는 데도 중요한 의미가 있다.

심리학 연구에 따르면, 어떤 행동을 21일 동안 꾸준히 반복하면 자연스럽게 습관으로 자리 잡는다고 한다. 그래서 많은 사람이 21일 챌린지를 통해 긍정적인 변화를 시즌하곤 한다.

21일 책 읽기 챌린지, 나만의 금줄을 만들어 실천해 보기로 했다.
책 읽기 습관도 마찬가지다. 처음에는 낯설고 어색할 수 있지만, 21일 동안 매일 정해진 시간에 책을 읽는다면 어느새 책이 삶의 일부가 되어 있을 것이다.

마치 금줄이 아기와 산모를 보호하듯, 책 읽기 습관은 여러분의 생각과 마음을 건강하게 지켜주는 든든한 울타리가 되어준다.

〈챌린지 방법〉

- 목표 정하기: 21일 동안 매일 10~20분씩 책 읽기
- 시간과 장소 정하기: 매일 같은 시간, 같은 장소에서 읽기
- 기록하기: 읽은 날짜와 페이지를 간단히 메모하기
- 공유하기: 가족이나 친구와 함께 도전하거나, SNS에 인증하기

삼칠일 동안의 금줄이 아기와 가족을 지키듯, 21일간의 책 읽기 습관은 일상에 긍정적인 변화를 가져왔다.

작은 실천이 모여 큰 변화를 만든다는 사실을 직접 경험했다.

지금 바로, 나만의 21일 책 읽기 금줄을 걸어보는 건 어떨까?

작은 시작이 큰 변화를 만든다.

삼칠일 챌린지가 끝난 후, 나는 책 읽기 습관을 더 확실히 유지하고 싶어서 '1일 10쪽 읽기 챌린지' 내꿈소생이라는 커뮤니티에 참여하게 되었다.

매일 10쪽씩 읽고 한 줄 평을 남기는 단순한 규칙이었지만, 그 안에는 꾸준함과 소통, 그리고 성장의 힘이 숨어 있었다.

처음에는 '하루 10쪽'이 너무 적은 것 같았다. 하지만 막상 시작해 보니, 바쁜 일상 속에서도 부담 없이 책을 펼칠 수 있는 마법 같은 분량이었다.

커뮤니티에서는 각자 읽은 책의 한 줄 평을 올리고, 서로의 글에 댓글을 달며 자연스럽게 독서에 대한 동기와 영감을 주고받았다.

가끔은 일이 바빠 밀린 날도 있었지만, 주말을 이용해 따라잡을 수 있었기에 포기하지 않고 계속 이어갈 수 있었다.

이 챌린지를 하면서 가장 크게 느낀 점은 '작은 습관의 힘'이었다.

하루 10쪽이라는 작은 목표를 매일 실천하다 보니, 어느새 책 한 권이 끝나고, 또 한 권이 쌓여갔다.

책의 두께에 따라 다르긴 하지만, 일주일이면 한 권을 완독하게 되었고, 내 책상 위에는 읽은 책들이 쌓여가는 성취감이 생겼다.

이 책 탑을 바라보며 느끼는 뿌듯함은, 단순히 독서량이 늘었다는 것 이상의 의미였다.

내가 매일 스스로와의 약속을 지켰다는 자부심, 그리고 소소한 일상 속에서의 성장과 변화가 눈에 보였다.
또한, 한 줄 평을 쓰는 과정도 큰 도움이 되었다.

짧은 문장이지만, 그날 읽은 내용에서 가장 인상 깊었던 부분을 정리하다 보면, 책의 핵심이 더 오래 기억에 남았다.
다른 사람의 한 줄 평을 읽고 댓글을 남기면서, 같은 책을 읽어도 서로 다른 시각과 감상을 나눌 수 있다는 점이 신선했다.

독서는 혼자 하는 것으로 생각했지만, 이렇게 온라인 커뮤니티에서 함께 하니 훨씬 더 재미있고 지속하기 쉬웠다.

이 경험을 통해 나는 습관을 만드는 데 있어 가장 중요한 것은 거창한 목표가 아니라 '지속 가능한 작은 실천'이라는 사실을 다시 한번 깨달았다.

삼칠일 동안 새로운 생명을 보호하듯, 21일 동안 책 읽기라는 새로운 습관을 보호하고 키웠다.

그리고 이 습관이 자리 잡자, 1일 10쪽 읽기 챌린지는 자연스럽게 내 일상이 되었고, 책 읽는 삶이 점점 더 즐거워졌다.

책을 읽는다는 것은 단순히 지식을 쌓는 것이 아니라, 내 삶의 리듬을 만들고, 나 자신을 조금씩 변화시키는 과정이다.

매일 10쪽씩 읽고, 한 줄 평을 남기며, 책 탑이 쌓여가는 기쁨을 느끼는 지금, 나는 더 이상 독서를 부담스럽게 느끼지 않는다. 오히려 하루의 소중한 루틴이 되어, 앞으로도 계속 이어가고 싶은 나만의 작은 챌린지가 되었다.

이처럼 1일 10쪽 읽기 챌린지는, 누구나 쉽게 시작할 수 있고, 꾸준히 실천하면 분명히 삶에 긍정적인 변화를 가져다준다.

책을 좋아하지만, 완독이 어렵거나, 독서 습관을 만들고 싶은 사람이라면, 오늘부터 나만의 10쪽 챌린지를 시작해 보길 추천한다.

작은 실천이 쌓여 큰 변화를 만들어내는 경험, 그리고 책이 주는 깊은 즐거움을 꼭 느껴보길 바란다.

소처럼 자유롭게:
이어령의 독서법

    나는 오십이 다 되어가는 나이에 책 읽기의 중요성을 깨달았다. 주변에서는 이미 수백 권의 책을 섭렵한 지인들이 지식을 뽐내는데, 나만 뒤처진 기분이 들었다. '나도 빨리 따라잡아야지'라는 조급함이 밀려왔다.

    그렇게 시작한 독서 마라톤. 한 달에 10권을 읽겠다는 목표를 세우고 의욕적으로 시작했다. 출퇴근길에, 점심시간에, 자기 전에도 책을 펼쳤다. 하지만 그것만으로는 부족했다.
    나는 더 강제성을 주기 위해 출판사 서평단에 지원했다.

"책을 무료로 받고, 리뷰도 쓰고, 일석이조잖아?"

처음에는 한두 권이었다. 그러다 세 권, 다섯 권… 어느새 내 책상은 읽지 못한 책들로 가득 찼다.

출판사마다 마감일이 다르고, 어떤 건 이미 지났다. 급하게 책을 읽었다. 아니, '읽었다'기보다는 '훑었다'라는 표현이 맞을 것이다.

밤을 새워가며 서평을 쓰는 날이 많아졌다.
원고지 몇 매, 글자 수 몇 자 이상의 조건을 맞추기 위해 어설픈 문장들을 끼워 넣었다. 그 과정에서 문득 깨달았다.

'내가 왜 책을 읽으려고 했지?'

책장에 꽂힌 책들을 바라보는데 기쁨이 아닌 부담감만 느껴졌다. 더 이상 책의 내용이 머릿속에 남지 않았다. 독서가 즐거움이 아닌, 해야 할 일이 되어버렸다.

어느 날, 하루 종일 리뷰를 쓰고 지친 몸을 이끌고 동네 서점에 들렀다.

그냥 새 책 냄새를 맡고 싶었다. 아무 생각 없이 책장을 둘러보다가 한 권의 책을 집어 들었다. 제목도 저자도 모른 채, 그냥 표지가 예뻐서였다.

카페에 앉아 첫 페이지를 펼쳤다. 그리고 어느새 시간이 두 시간이나 흘러있었다.

리뷰를 쓸 필요도, 누구에게 보여줄 필요도 없이 그저 내가 좋아서 읽은 두 시간. 오랜만에 찾아온 독서의 즐거움이었다.

그날 밤, 나는 모든 서평단 신청을 취소했다.
속도를 늦추고 보니 보이는 것들이 있다.
책은 경쟁이 아니었다. 숫자를 채우는 게 아니었다.

책은 오랜 시간 나와 함께할 친구였다. 서두를 필요가 없었다. 늦게 시작했다고 해서 남들을 따라잡으려 할 필요도 없었다.

독서는 마라톤이 아니라 평생 함께할 산책이다. 느리게 걸어도 괜찮다. 중간에 멈춰 풍경을 감상해도 좋다.

풀을 뜯어 먹는 소처럼 독서하라.

"목장에서 소가 풀 뜯어 먹는 걸 봐도 여기저기 드문드문 뜯어. 풀 난 순서대로 가지런히 뜯어 먹지 않는다고 재미없으면 던져버려. 반대로 재미있는 책은 닳도록 읽고 또 읽어."

이어령의 『마지막 수업』

고 이어령 교수님의 "풀을 뜯어 먹는 소처럼 독서하라"라는 말씀에서 영감을 받았다.

여러분도 알다시피, 우리는 종종 책을 처음부터 끝까지 순서대로 읽어야 한다는 부담감을 느낀다. 하지만 이어령 교수님은 소가 목장에서 풀을 뜯듯이 자유롭게 책을 읽으라고 조언하셨다.

소는 풀이 난 순서대로 가지런히 뜯어 먹지 않는다. 여기저기 마음 가는 대로 풀을 뜯어 먹는다.

"재미없으면 과감히 덮고, 좋은 책은 닳도록 읽고 또 읽는 것. 이것이 내가 실천하는 자유로운 독서법의 핵심이다. 여러분도 소처럼 자유롭게 독서하며 책 속에서 자신만의 영양분을 찾아봐"

이 지혜를 따라 나만의 독서법을 만들었다:

첫째, 책을 펼치면 가장 먼저 차례를 훑어본다. 이것은 마치 소가 목장을 둘러보는 것과 같다. 어떤 '풀밭'이 기다리고 있는지 파악한다.

둘째, 제목이나 내용이 가장 끌리는 챕터를 먼저 읽기 시작한다. 반드시 첫 장부터 읽을 필요가 없다. 내 관심사와 호기심을 따라가는 것이다.

셋째, 프롤로그와 에필로그는 맨 마지막에 읽는다. 이렇게 하면 책의 내용을 먼저 체험한 후에 저자의 의도를 이해할 수 있다.

넷째, 마음에 드는 구절이나 생각할 거리가 있다면 주저 없이 밑줄을 긋는다. 때로는 같은 페이지에 여러 번 밑줄을 긋기도 한다.

마지막으로, 책에서 얻은 통찰과 생각들을 기록으로 남기기 위해 블로그를 시작하기.
이 블로그는 누구를 위한 것도 아닌, 오직 나만을 위한 공간이어도 좋다.

당신도 지금 독서에 지쳐있다면, 잠시 속도를 늦추어 보라. 책장 앞에서 느끼는 부담감 대신, 한 페이지에서 느끼는 기쁨을 찾아보라. 그것이 오래도록 책과 함께하는 비결이다.

서두르지 말자. 책은 도망가지 않는다.

고 이어령 교수님의 어록은 수 없이 많다. 그 중에 하나 더

말하자면

"편독은 독단으로 이어진다."

마치 편식하는 아이처럼 나는 내 입맛에 맞는 책만 골라 읽었던 것이다.
달콤한 간식만 먹는 아이가 결국 영양실조에 걸리듯, 좋아하는 장르의 책만 읽는 독서가는 사고의 불균형을 피할 수 없다.

균형 잡힌 식단이 건강한 몸을 만들듯, 균형 잡힌 독서가 건강한 사고를 만든다. 자기 계발서를 읽은 다음엔 경제서를, 그 다음엔 심리학 책을 펼쳐 든다.

때로는 불편하고 낯선 주제의 책을 억지로라도 읽어본다. '읽어야 할 책'을 먼저 읽고, '읽고 싶은 책'은 디저트처럼 나중에 즐기는 것이다.

책을 고르는 순간, 나는 스스로에게 묻는다. "이 책이 정말 읽고 싶은 책인가, 아니면 읽어야 할 책인가?"

그리고 책장 한쪽에 치우쳐진 무게중심을 천천히, 그러나 꾸준히 바로잡아갔다. 다양한 색깔의 책들로 채워지는 서가를 보며, 나의 사고도 조금씩 균형을 찾아가고 있음을 느낀다.

편독하지 않는다는 것은 결국 세상을 더 넓게, 더 깊게 이해하려는 노력이다. 오늘도 나는 조금 불편하지만, 꼭 읽어야 할 책 한 권을 집어 든다.

손으로 기억하기:
다산 독서법과 필사

"머리를 믿지 말고 손을 믿어라. 습관처럼 적고 본능처럼 기록하라."

다산 정약용

　다산 정약용은 조선후기 실학을 집대성한 위대한 학자로, 그의 독서법은 오늘날에도 큰 가치가 있다. 강진 유배 시절 그토록 열심히 공부하여 '과골삼천(踝骨三穿)'이라는 고사가 탄생했을 정도니, 나도 그의 방법을 현대적으로 적용해 볼 만 하겠다는 의지가 생겼다.

다산의 세 가지 독서법

먼저 精讀(정독)이다.

정독이란 글을 아주 세세하게 뜻을 새겨가며 정성들여 자세히 읽어서 그 내용을 정확하게 이해해야 한다.

모르는 것은 관련 자료를 찾아서 그 원인과 근본을 밝혀내는 독서법이다.

이러한 다산의 독서법은 아들 정학유에게 보낸 편지에도 그대로 담겨 있다.

"수천 권의 책을 읽어도 그 뜻을 정확히 모르면 읽지 않은 것과 같으니라. 읽다가 모르는 문장이 나오면 관련된 다른 책들을 뒤적여 반드시 뜻을 알고 넘어가야 하느니라. 또한 그 뜻을 알게 되면 여러 차례 반복하여 읽어 너의 머릿속에서 떠나지 않게 하거라."

독서에 대한 충고를 잊지 않았다.

다음은 疾書(질서)이다.

책을 읽다가 깨달은 것이나 아이디어가 떠오르면 그 생각이 달아나기 전에 빨리 기록하는 것이다.

질서는 妙契疾書(묘계질서)의 준말로 묘계는 '번쩍 떠오른 깨달음'이고 질서는 '빨리 쓴다'는 말이다. 즉 묘계질서는 '깨달음이나 새로운 아이디어가 있으면 재빨리 기록 한다'는 의미이다.

다산은 기록을 매우 중요하게 여겼는데, 때론 흔들리는 배 위에서도 쉴 새 없이 붓을 들어 메모하고 또 시를 지었다.

특히 경전 공부를 할 때 의심했던 부분에 대한 답을 얻게 되면 그 순간 놓치지 않고 메모하고 기록했다고 한다.

셋째는 抄書(초서)이다.

책을 읽다가 중요한 내용이 나오면 그대로 옮겨 적는 것이다. 베껴 쓰는 것과 비슷하지만 조금 다른 것은 좋다고 무작정 베끼는 것이 아니라 그 책을 읽는 목적에 부합하는 것만 베껴 쓰는 것을 말한다.

다산은 초서를 할 때 주제정하기, 목차 정하기, 뽑아서 적기, 엮어서 연결하기의 4단계를 거쳤는데 거기에 자기의 경험을 더하면 하나의 작품이 나오는 것이다.

다산은 精讀(정독), 疾書(질서), 抄書(초서) 세 가지 독서법을 실천함으로써 경세유표, 목민심서, 흠흠신서 등 500여 권에 이르는 엄청난 저술을 남길 수 있었다.

정민의 '다산선생 지식경영법'에서 다산은 "부지런히 메모하라. 쉬지 말고 적어라. 기억은 흐려지고 생각은 사라진다. 머리를 믿지 말고 손을 믿어라.

메모는 실마리다. 메모가 있어야 기억이 복원된다.

"습관처럼 적고 본능처럼 기록하라."고 말하고 있다. 메모는 독서에서 가장 중요한 핵심요소이다.

나는 다산처럼 위대한 저서 500권을 남길 수는 없어도, 그의 질서(疾書) 방식만큼은 따라해 보기로 했다.

책을 읽다 문득 떠오르는 생각이나 감정, 질문들을 책 귀퉁이에 즉시 메모했다. 처음엔 미안한 마음에 연필로 가볍게 적었지만, 점차 그 흔적들이 책과 나 사이의 대화로 느껴졌다.

재독할 때 그 메모들은 나에게 놀라운 선물이 되었다. 첫 번째 읽었을 때의 내 감정과 생각들, 그리고 현재의 나 사이에서 오가는 대화가 생겨났다. 같은 책이라도 매번 다르게 읽히는 이유를 알게 되었다.

다산의 독서법 중 질서(疾書)에서 한 걸음 더 나아가, '필사 챌린지'라는 나만의 작은 의식을 시작했다.

책에서 마음에 드는 문장을 발견하면 다양한 색연필로 밑줄을 긋고, 따로 마련한 노트에 정성껏 옮겨 적었다.

처음에는 그저 기억하고 싶은 문장을 남기는 작업이었지만, 점차 그 과정 자체가 명상과도 같은 시간이 되었다.

한 달 정도 지났을 때, 내 손끝에서 일어난 변화를 느꼈다. 책의 문장을 베껴 쓰는 단순한 행위가 어느새 깊은 집중의 경험으로 변모했다.

페이지를 넘기는 소리, 연필이 종이 위를 스치는 소리, 그리고 때때로 내 숨소리만 들리는 고요한 시간.

그때 문득 떠올랐다.
책 읽기를 싫어하는 사람들도 이런 경험을 한다면 어떨까?

"만만한 게 친구라던가?" 농담 반 진담 반으로 두 친구를 꼬득여 필사 챌린지에 동참시켰다. 각자 필사하고 싶은 책을 골라 시작했다. 마치 북클럽처럼, 하지만 토론보다는 각자의 필사 과정과 깨달음을 나누는 방식으로.

때로는 한 권의 책을 세 사람이 함께 필사하기도 했다. 같은 문장을 세 명이 각자의 방식으로 해석하고 필사하는 과정에서 우리는 한 권의 책에서 세 권의 다른 이야기를 발견했다.

내가 놓친 문장을 친구가 발견하고, 친구가 지나친 의미를 내가 짚어내는 과정은 책을 더 깊이 이해하는 여정이 되었다.

지금까지 우리는 함께 세 권의 책을 필사했다. 놀랍게도 이 과정에서 우리의 우정은 더 깊어졌다.

각자의 필사 노트에 남겨진 문장들이 우리의 가치관과 생각을 고스란히 보여주었기 때문일까? 책 속 문장들을 통해 우리는 서로를 더 깊이 이해하게 되었다.

필사 챌린지는 내게 책 읽기의 새로운 차원을 열어주었다. 이제 책은 단순히 지식을 얻는 도구가 아니라, 나와의 대화이자 친구들과의 연결 고리가 되었다.

내가 좋아하는 독서 장소:
날일달월 책방

날일달월은 책과 사람, 그리고 건강한 삶이 만나는 특별한 공간이다.

처음 그 아기자기한 책방을 발견했을 때, 나는 망설였다. 문 앞에서 서성이기를 6개월. 그 작은 문 너머에 어떤 세상이 펼쳐질지, 나 같은 사람이 들어가도 될지 고민했다.

온라인 플랫폼 비즈니스 사람들과의 독서 모임 경험으로 두려움이 있었지만,

이곳은 왠지 달라 보였다. 더 따뜻하고, 더 진지하고, 더 특별해 보였다.

드디어 용기를 내어 문을 열었을 때, 여희숙 선생님의 미소가 나를 맞이했다. 그 순간 모든 걱정이 눈 녹듯 사라졌다. 그 미소에는 누구든 포용할 수 있는 따뜻함이 있었다.

'날일달월'은 단순한 책방이 아니다.
국내 최초의 생채식 북 카페로, 책과 함께 건강한 식사까지 즐길 수 있는 특별한 공간이다.
처음엔 책방에서 식사를 한다는 게 신기했지단, 이제는 이보다 자연스러운 조합이 없다는 걸 안다.

화학 첨가물이나 조미료 없이, 자연 그대로의 식재료로 만든 음식들. 몸과 마음을 동시에 정화하는 듯한 느낌이다. 책을 읽으며 건강한 음식을 먹는다는 것, 그것은 삶의 질을 한 단계 높여주는 경험이다.

여희숙 선생님은 단순한 책방 주인이 아니다. 밑줄 독서법의 저자이자 독도 도서관 친구들 이사로서, 책과 사람, 그리고 평화를 이어주는 매개자다.

"책은 자신이 구입해야 자신의 것이 될 수 있다. 도서관에서 빌려 읽는 책은 밑줄도 그을 수 없고, 조금은 건성으로 읽게 된다."

선생님의 이 말씀은 내게 책 읽기의 새로운 의미를 가르쳐주었다. 책을 소유한다는 것, 그리고 그 책에 나만의 흔적을 남긴다는 것의 가치를.

한 달에 한 번은 꼭 들려 선생님의 미소와 함께 따뜻한 커피 한 잔을 마신다. 그 시간은 하루의 피로를 내려놓고 나를 돌아보는 소중한 순간이다.

책방 한편에는 작가를 위한 특별한 자리도 마련되어 있다. 작가가 작가를 위해 만든 배려의 공간. 이런 세심함이 이 책방의 진정한 매력이다.

'날일달월'의 독서 모임은 특별하다. 단순히 책을 읽고 이야기를 나누는 것을 넘어, 삶의 깊이를 더하는 진지한 대화가 오간다.

여희숙 선생님의 밑줄 독서법을 통해 우리는 책을 더 깊이 읽고, 더 오래 기억하는 법을 배운다.

때로는 나도 이런 책방 지기가 되고 싶다는 생각을 한다.
책과 사람을 연결하고, 건강한 삶의 방식을 나누며, 따뜻한 미소로 누군가의 하루를 위로하는 그런 사람. '날일달월'은 그런 꿈을 꾸게 만드는 공간이다.

혹시 지금 책 읽기 좋은 장소를 찾고 있다면, 즈저하지 말고 가까운 동네 책방을 찾아보길 바란다.
처음엔 망설여질 수 있다. 나처럼 6개월을 서성일 수도 있다.
하지만 용기를 내어 문을 열면, 그곳에서 당신만의 특별한 독서 공간을 발견할 수 있을 것이다.

책방은 단순히 책을 사고파는 곳이 아니다.

사람과 사람이 만나고, 생각이 자라고, 삶이 풍요로워지는 곳이다. '날일달월'처럼 당신만의 특별한 독서 장소를 찾아, 그곳에서 책과 함께하는 행복한 시간을 보내시길 바란다.

책은 우리를 더 넓은 세상으로 인도하지만, 그 여정의 시작은 바로 우리 동네의 작은 책방에서부터 일지도 모른다.

오늘, 당신의 동네 책방을 찾아가 보는 건 어떨까?

'날일달월'은 나에게 단순한 책방 그 이상의 의미다. 이곳은 책을 통해 사람을 만나고, 건강한 삶을 추구하며, 평화로운 세상을 꿈꾸는 특별한 공간이다.

여희숙 선생님의 따뜻한 미소처럼, 이 책방이 더 많은 이들에게 위로와 영감의 장소가 되기를 바란다.

책방 이름인 '날일 달월(日月)'에는 "날마다 달마다 좋은 책과 음식을 먹으면 밝아진다"라는 의미가 담겨 있다.

내부는 서재처럼 아늑하게 정돈되어 있으며, 다양한 분야의 책들이 가득 꽂혀 있다. 특히 정치, 인권, 통일, 북한 작가 도서 등 쉽게 접하기 어려운 책들도 만날 수 있다.

'날일달월' 이곳의 특별한 코너가 바로 '한점 미술관'으로, 이름 그대로 한 번에 단 한 점의 작품만 전시하는 아주 작은 미술관이다.

전시 작품은 주기적으로 바뀌며, 작가와의 만남, 독서모임, 음악회 등 다양한 문화 행사가 함께 열리기도 한다.
한점 미술관은 입구 벽면에 마련되어 있어 공간은 작지만, 한 작품에 집중해 감상할 수 있는 특별한 경험을 제공한다.

전시되는 작품은 그림, 사진, 인형 등 다양하며, 매번 새로운 작가의 작품을 만날 수 있다.

예술과 책, 채식에 관심이 많은 분은 꼭 다녀가시길 추천한다.

조용하고 아늑한 공간에서 사색과 휴식을 원하는 분
동네책방, 독립서점, 작은 미술관을 좋아하는 분
가족, 친구, 연인과 함께 특별한 시간을 보내고 싶은 분
한 작품에 깊이 몰입해 감상해보고 싶은 분

한점 미술관의 전시는 수시로 바뀌기 때문에 특정 작품을 항상 볼 수 있는 것은 아니지만,

최근에는 베레카 작가, 유지애 작가, 이석구 작가 등의 초대전이 열렸다.

여희숙 선생님은 책도 여러 권 집필한 작가답게 누구나 쉽게 책 읽기를 시작할 수 있도록 다양한 방법을 안내해 준다.

독서 모임은 언제나 열려 있으니, 책과 건강한 음식, 따뜻한 만남이 있는 공간을 찾는 분들께 날일달월을 추천한다.

구립도서관, 그 이상의 공간

    도시의 번잡함에서 벗어나 조용히 나만의 시간을 가질 수 있는 곳. 누군가에게는 독서의 공간이지만, 나에게 도서관은 특별한 의미를 지닌다. 바로 최고의 꿀잠을 선사하는 나만의 아지트다.

    처음 도서관에서 잠들었던 날을 기억한다. 시험공부를 하던 중 피곤함에 잠시 눈을 붙였는데, 깨어났을 때의 그 개운함이란. 집에서 자는 것과는 전혀 다른, 묘한 상쾌함이 있었다.
    그 후로 도서관은 나의 피로 회복소가 되었다.

도서관 낮잠의 매력은 그 특별한 환경에 있다. 적당한 온도, 은은한 조명, 책장을 스치는 미세한 바람 소리. 무엇보다 주변 사람들의 조용한 숨소리와 책장 넘기는 소리가 최고의 백색소음이 된다.

팔베개를 하고 책상에 엎드리면, 나무 책상의 차가운 감촉이 피로한 뺨을 달래준다. 10분짜리 알람을 맞춰두고 눈을 감으면, 마치 다른 세계로 빠져드는 듯한 기분이 든다.

"도서관에서 어떻게 잘 수 있어?"라고 묻는 사람들이 있다. 하지만 도서관 낮잠을 경험해 본 사람이라면 안다. 그 10분이 집에서의 1시간보다 더 달콤하다는 것을.

깨어났을 때의 그 상쾌함이란! 마치 긴 여행을 다녀온 것처럼 머리가 맑아진다. 흐릿했던 시야가 선명해지고, 무거웠던 어깨가 가벼워진다.

도서관 꿀잠의 가장 큰 장점은 바로 독서와의 시너지다. 짧은 낮잠 후 책을 읽으면 집중력이 놀랍도록 향상된다. 마치 뇌가 리셋된 것처럼, 글자 하나하나가 더 선명하게 들어온다.

때로는 잠들기 전 읽던 내용이 꿈속에서 이어지기도 한다. 소설 속 주인공이 되어 모험을 떠나기도 하고, 에세이의 저자와 대화를 나누기도 한다. 이런 경험들이 독서를 더욱 풍성하게 만든다.

현대인의 피로는 단순히 육체적인 것만이 아니다. 끊임없는 정보의 홍수, 소음, 관계의 피로감. 도서관은 이 모든 것으로부터 잠시 벗어날 수 있는 피난처가 된다.

책들 사이에서의 짧은 잠은 마치 시간이 멈춘 듯한 고요함을 선사한다. 세상의 속도에서 잠시 벗어나, 나만의 템포를 되찾는 순간이다.

누구나 자신만의 안식처가 필요하다. 어떤 이에게는 카페가, 어떤 이에게는 공원이 그런 곳일 것이다. 나에게는 도서관이 그런 곳이다. 책과 지식의 공간이자, 최고의 휴식처.

오늘도 나는 도서관으로 향한다. 읽고 싶은 책 한 권과 10분의 꿀잠을 기대하며. 그곳에서 나는 다시 한번 충전되고, 세상으로 돌아갈 힘을 얻는다.

도서관은 단순히 책을 읽는 곳이 아니다. 그곳은 내가 가장 나다울 수 있는, 나만의 특별한 아지트다.

추억을 하나 더 말하자면,
구립도서관은 단순히 책을 빌리는 곳이 아니다. 하루를 온전히 나에게 투자할 수 있는 공간, 마음의 양식을 채우는 소중한 곳이다. 8시간정도? 책과 함께하는 날들을 위해 때로는 작정하고 찾아간다.

무엇보다 구립도서관의 숨겨진 매력은 '자율식당'에 있다. 도시락을 싸오거나 저렴한 가격에 식사를 해결할 수 있어 장시간 머물러도 부담이 없다.

특히 아이들에게 "도서관에 갈까?"라고 물으면 곧잘 투정을 부리지만, "돈가스 먹으러 갈까?"라고 하면 눈을 반짝이며 달

려갔던 곳이다.

　물론 그곳이 도서관이라는 사실은 비밀이었다.

　도서관의 식당에서 맛보는 식사는 왜 이리 특별한 걸까? 책에 빠져있다 허기를 달래는 한 끼는 평범한 식사 이상의 의미가 담겨있다.

　우리 아이들에게는 은밀한 추억이, 나에게는 소소한 행복이 되어 마음에 새겨진다.

　구립도서관은 또한 경제적인 여유를 선물한다.
　매번 새 책을 구입한다면 부담되는 금액도, 도서관 회원증 하나면 충분하다. 아이들에게 다양한 책을 접하게 해주는 것, 그것만으로도 큰 자산이 된다.

　시간이 흐를수록 깨닫는다. 구립도서관은 단순한 건물이 아닌, 우리 가족의 소중한 추억이 쌓이는 공간이라는 것을.

　오늘도 도서관 문을 나서며 다짐한다. 다음에는 어떤 책을,

어떤 추억을 만들어갈지 기대하면서.

4장

나에게 책 읽기는

자존감을 쌓아가는 여정

책장에 꽂혀 있던 오래된 책을 펼쳤다.

제목은 『나는 충분히 괜찮은 존재입니다』(취샤오리 저). 수개월 전 충동적으로 구매했지만, 읽지 않은 채 방치했던 책이다.

페이지를 넘기며 정해진 분량을 읽어야 한다는 압박감이 엄습했다. '하루에 50페이지는 읽어야지', '일주일 안에 끝내야지'라는 자기 강요가 시작되었다.

그러다 문득 의문이 들었다.

"왜 책을 읽으려고 했지?"

이 단순한 질문이 나를 멈추게 했다. 타인에게 보여주기 위함인가? 교양 있어 보이기 위해서인가? 아니면 진정한 내면의 변화를 위해서인가?

책 속의 한 문장이 뒤통수를 강타했다.

"평소에 열등감이나 예민함, 무력감을 자주 느끼거나, 자신에 대한 타인의 평가를 항상 신경 쓴다면, 당신의 자존감에 문제가 있을 가능성이 높다."

마치 저자가 내 일상을 훔쳐보기라도 한 듯했다. 회사에서 실수할까 전전긍긍하고, SNS에 올린 글의 좋아요. 개수를 체크하며, 누군가의 무심한 한마디에 하루 종일 흔들리는 나의 모습이 떠올랐다.

나는 타인의 시선으로 나를 정의하고 있었고, 그 과정에서 진짜 '나'를 잃어가고 있었다.

우리는 종종 자신을 직업이나 역할로 정의한다. '나는 회사

원이다', '나는 누군가의 부모다', '나는 실패한 사람이다'. 하지만 이런 단편적인 정의는 얼마나 위험한가.

책에서는 "사람은 매우 복잡한 존재이기에 한 가지 정체성만으로 설명할 수 없다"라고 했다. 이 문장이 내게 주는 위안은 엄청났다.

나는 실패했을 때도, 성공했을 때도, 약할 때도, 강할 때도 여전히 '나'였다. 어느 한순간이나 역할이 나의 전부를 정의할 수 없다는 사실을 받아들이는 순간, 어깨의 무거운 짐이 조금 가벼워졌다.

모든 일을 완벽하게 해내야 한다는 압박감은 끊임없는 불안과 좌절의 원천이었다. 해야 할 일의 목록은 끝없이 길어졌고, 하나를 성취해도 새로운 목표가 그 자리를 채웠다. 행복은 언제나 '다음'에 있었다.

책을 통해 깨달은 것은 완벽함이 아닌 '충분함'을 인정하는 것의 중요성이다.

모든 것을 완벽하게 할 수는 없으며, 그럴 필요도 없다. 나의 존재 가치는 성과나 성취에 있지 않다. 나는 그저 존재하는 것만으로도 충분히 가치 있는 사람이다.

〈쿵푸 팬더 2〉에서 주인공 포는 내면의 평화를 찾아 마침내 강력한 적을 물리친다. 이 영화의 메시지는 단순하면서도 깊다. 모든 고수가 도달해야 할 정점은 '내면의 평화'이다.

일상에서 평정심을 유지하는 것은 쉽지 않다. 하지만 그것이 자존감을 쌓는 핵심이다. 다른 사람의 말과 행동, 예상치 못한 상황에 흔들리지 않고 자신의 중심을 지키는 것.
이는 단순히 무감각해지는 것이 아니라, 모든 감정을 느끼되 그것에 휩쓸리지 않는 균형 잡힌 상태를 말한다.
"과거와 멋지게 작별하라"는 책의 조언은 특히 마음에 와닿았다. 나는 종종 과거의 실수와 후회에 사로잡혀 현재를 놓치곤 했다. '그때 그렇게 하지 않았더라면…'이라는 생각은 끝없는 자책과 원망의 시작이었다.

하지만 "우리네 인생에 만약이란 없다"라는 현실적인 시각은 나를 과거의 늪에서 빠져나오게 했다. 과거는 이미 지나갔고, 미래는 아직 오지 않았다. 내가 진정으로 영향을 미칠 수 있는 것은 오직 지금, 이 순간뿐이다.

과거의 실수를 인정하고, 그로부터 배우되 더 이상 그것에 묶이지 않기로 결심했다. 이것이 자유의 시작이었다.

중국 무협소설 『사조 영웅전』에서 나오는 '연위갑'은 가볍지만 튼튼한 갑옷으로, 창칼을 막아낼 수 있고 가시가 박혀 있어 이를 입은 사람을 공격하면 오히려 상처를 입게 된다. 이 연위갑은 내면의 자존감을 상징한다.

나는 어떻게 나만의 '연위갑'을 만들 수 있을까? 그것은 바로 자기 자신에 대한 깊은 이해와 사랑에서 시작된다. 나의 장점과 단점, 강점과 약점을 모두 포용하고 받아들이는 것. 그리고 그 모든 것을 포함한 나를 존중하고 사랑하는 것이다.

자기 비하적인 말을 줄이고, 매일 감사한 것들을 적어보고, 작은 성취도 축하하며, 스스로에게 친절한 말을 건네는 습관을 들이기 시작했다. 이것이 나의 연위갑을 만드는 첫걸음이었다.

책을 읽으며 깨달은 또 하나의 중요한 진리는 '나만의 속도'의 중요성이다. 세상은 끊임없이 빠르게 움직이라고 재촉한다. 더 빨리 읽고, 더 빨리 일하고, 더 빨리 성공하라고. 하지만 그 속도가 모두에게 맞을 수는 없다.

속독보다는, 천천히 읽어도 된다. 남들보다 늦게 도착해도 된다. 중요한 것은 목적지가 아니라 그 여정에서 내가 무엇을 배우고 경험하는가이다. 내 것으로 만들려면 나만의 속도로 읽고, 느끼고, 살아가면 된다.

이 깨달음은 큰 해방감을 주었다. 더 이상 남들과 비교하며 조급해할 필요가 없다. 나는 나의 페이스대로 성장하고 있으며, 그것으로 충분하다.

"여하튼 책을 알게 되면 책을 읽기 전으로 되돌아가기는 힘들다."

이 문장처럼, 자존감의 중요성을 깨닫고 나면 이전의 자기비하적인 습관으로 돌아가기 어렵다.

물론 하루아침에 모든 것이 변하지는 않는다. 여전히 불안하고, 자신감이 떨어지는 순간도 있다.

하지만 이제는 그런 감정이 들 때 그것을 인식하고, 한 발짝 물러서서 바라볼 수 있는 여유가 생겼다.

"나는 충분히 괜찮은 존재입니다."

이 간단한 문장을 매일 아침 거울을 보며 되뇌고 있다. 처음에는 어색했지만, 점점 이 말이 진실로 다가오기 시작했다. 완벽하지 않아도, 실수해도, 남들과 다르게 살아가도, 나는 충분히 괜찮은 존재다.

자존감은 하루아침에 만들어지지 않는다. 그것은 오랜 시간 자기 자신과의 대화와 성찰, 그리고 자기 수용의 과정을 통해 천천히 쌓아가는 것이다. 때로는 무너지기도 하지만, 다시 일어나 한 걸음씩 나아간다.

이제 나는 타인의 시선이 아닌, 나 자신의 눈으로 세상을 바라보려 한다. 내면의 연위갑을 입고, 나만의 속도로, 나만의 길을 걸어가려 한다.

그리고 그 여정에서 만나는 모든 순간을, 모든 감정을, 모든 경험을 온전히 받아들이며 살아가려 한다.

결국, 진정한 자존감이란, 겉으로 어떤 모습을 보이든 내면의 자신을 어떻게 바라보고 대우하며 사랑하는지에 달려있다. 그리고 그 과정에서 "나는 충분히 괜찮은 존재"라는 것을 인정하고 받아들이는 것이 진정한 자존감의 시작이다.

책장을 덮으며 미소 지었다. 이제 압박감 없이, 나만의 페이스로, 진정으로 읽고 싶은 책을 읽을 것이다. 그리고 그 과정에서 나 자신을 조금 더 알아가고, 조금 더 사랑하게 될 것이다.

내 안의 연위갑은 이제 막 만들어지기 시작했다.

또 다른 도전

책을 처음 진지하게 바라보게 된 계기는 최저천 교수님의 강연이었다.

"독서는 사실은 '일'처럼 치열하게 해야 한다."

독서를 시작할 때 우리는 종종 마법과 같은 즉각적인 변화를 기대한다.

책을 읽자마자 지혜가 물밀듯이 찾아오길 바라지만, 현실은 다르다. 책장을 넘기는 것만으로는 머릿속에 아구것도 정리되지 않는다. 그저 '읽은 척'만 하는 경우가 대부분이다.

"이 세상 모든 일은 결국 글쓰기로 판가름 난다"는 그의 말은 뒤통수를 망치로 맞은 듯한 충격으로 다가왔다. 그때 비로소 깨달았다. 독서는 단순한 취미가 아니라 '일'처럼 치열하게 해야 하는 것이라는 사실을.

독서를 '일'처럼 하기 위한 방법은 뭘까?

처음에는 막연했다. 그저 '책을 많이 읽자'라는 목표만 있었다. 하지만 여러 자료를 찾아보면서 구체적인 방법들을 실천해보기 시작했다.

매일 아침 15분 일찍 출근해 타이머를 설정하고 10페이지 읽기를 시작했다. 시간을 맞추니 집중하기 어려웠다. 주변 소음, 동료들의 대화, 업무에 관한 생각들이 계속해서 독서를 방해했다.

하지만 매일 같은 시간, 같은 장소에서 반복하다 보니 어느

새 그 시간만큼은 온전히 책에 집중할 수 있게 되었다.

짧은 외출을 할 때도 항상 책을 가져갔다. 처음에는 부담스러웠지만, 전자책 리더기를 구입하고 나서는 훨씬 편해졌다. 버스를 기다리는 5분, 카페에서 친구를 기다리는 10분, 이런 자투리 시간이 모여 하루에 30분 이상의 독서 시간을 만들었다.

무엇보다 가장 효과적이었던 것은 '1일 10페이지 읽기' 챌린지였다. SNS에 해시태그와 함께 오늘 읽은 페이지 수와 간단한 소감을 올렸다.

처음에는 그저 자신과의 약속을 지키기 위해 시작했지만, 차츰 비슷한 챌린지를 하는 사람들과 소통하게 되었다.

"오늘도 10페이지 완료!"라고 올린 게시물에 낯선 사람들이 '좋아요'를 누르고 응원 댓글을 달아주었다.

그런 작은 상호작용이 내게는 큰 동기부여가 되었다. 때로는 바쁜 일상에 치여 읽지 못한 날도 있었지만, 다음 날 '어제 못 읽은 10페이지까지!'라며 더 열심히 읽었다.

독서를 '일'처럼 대하기로 마음먹은 후, 주말도 예외는 없었다. 평일에는 업무와 일상에 치여 깊이 읽지 못했던 책들을 주말 아침이면 펼쳤다.

하지만 혼자 하는 독서에는 한계가 있었다. 자기 자신과의 약속은 너무나 쉽게 깨졌고, 의지력만으로는 지속하기 어려웠다. 그래서 시작한 것이 '줌도서관'이었다.
함께 읽고, 함께 나누면 시너지가 생길 것이라는 단순한 믿음에서였다.

그렇게 태어난 것이 '독서삼도'였다.

독서삼도란 책을 읽을 때 세 가지에 도달해야 한다는 뜻이다. 중국 송나라 때 주희가 한 말에서 유래했다.

독서(讀書)를 하는 세 가지 방법(方法). 입으로 다른 말을 아니 하고 책(冊)을 읽는 구도(口到), 눈으로 다른 것을 보지 않고 책(冊)만 보는 안도(眼到), 마음속에 깊이 새기는 심도(心到)를 이른다.

이름이 주는 무게감과 역사성이 마음에 들었다. 그저 책 모임이 아니라, 수백 년 전부터 이어져 온 지혜를 함께 나누는 의식 같았다.

처음에는 다섯 명이 모였다. 각기 다른 배경과 관심사를 가진 사람들이었지만, 책이라는 공통분모 아래 모였다. 일요일 아침 7시, 아직 세상이 깨어나기 전 우리는 줌 화면 속에서 만났다. 각자의 방에서, 각자의 책을 들고.

첫 몇 주는 신선한 흥분으로 가득했다. 내가 읽은 책의 한 구절을 낭독하면, 다른 사람은 그것에 대한 자신만의 해석을 들려주었다.

때로는 격렬한 토론이 벌어지기도 했고, 때로는 깊은 공감 속에 침묵이 흐르기도 했다. 같은 책을 읽어도 이렇게 다양한 관점이 있다는 사실이 경이로웠다.

내가 감명 깊게 읽은 구절을 다른 사람도 좋아한다는 사실에서 오는 유대감. 이런 것들이 독서삼도를 이어가게 하는 원

동력이었다.

그러나 시간이 흐르면서 변화가 찾아왔다. 일요일 아침이라는 시간대는 생각보다 많은 사람에게 부담이었다. 한 명은 주말 여행으로, 또 한 명은 가족 행사로 자리를 비우기 시작했다.

처음에는 "다음 주에는 꼭 참석할게요"라는 약속과 함께 양해를 구했지만, 점점 그 '다음 주'가 오지 않았다.

다섯 명에서 넷, 다시 셋으로 줄어들면서 남은 사람들의 부담은 커졌다. 책을 읽는 것도 시간이 걸리는 일인데, 그것을 정리해서 나눌 준비까지 하려면 더 많은 시간이 필요했다. 게다가 적은 인원으로는 다양한 관점을 듣기 어려웠고, 토론의 활기도 줄어들었다.

결국 1년 가까이 운영하던 독서삼도의 문을 닫게 되었다. 마지막 모임에서 우리는 서로에게 감사 인사를 건넸지만, 내 마음 한편에는 씁쓸함이 남았다.

그때는 나 자신을 많이 탓했다. '내가 작가도 아니고 그냥 평범한 독서가일 뿐인데, 뭘 바랐던 걸까?' '내가 남들에게 줄 수 있는 게 없었구나!' 하는 자책으로 이어졌다. 모임을 더 흥미롭게 이끌지 못한 것은 모두 내 역량 부족이라고 생각했다.

하지만 지금 생각해 보면, 그 경험 자체가 나에게는 큰 가르침이었다. 모든 모임에는 시절 인연이 있다는 것, 그리고 그것이 끝난다고 해서 실패가 아니라는 것을 배웠으니까.

마치 좋은 책이 언젠가는 마지막 페이지를 맞이하듯, 모임도 그렇게 자연스럽게 끝나는 것일 수도 있다.

결국 독서삼도는 끝났지만, 그 정신은 내 독서 습관 속에 살아남았다. '
구도, 안도, 심도의 세 가지 원칙은 지금도 내 독서의 지침이 되어주고 있다. 특히 '심도'는 더욱 중요해졌다.
책의 내용을 마음에 새기고, 삶에 적용하려는 노력이 계속되고 있기 때문이다.

오늘도 나는 일요일 아침, 조용한 거실에 앉아 책을 읽는다. 이제는 줌 화면 너머로 만나는 동료들은 없지만, 책과 나 사이의 대화는 더욱 깊어졌다.

독서를 '일'처럼 대하는 태도는 여전히 유효하다. 다만 이제는 그것이 의무감에서 비롯된 것이 아니라, 책과 나누는 진실한 대화에 대한 열망에서 비롯된다.

그리고 가끔은 생각한다. 언젠가 다시 독서삼도 같은 모임을 시작할 수 있을까? 그때는 어떤 사람들과 어떤 책으로 시작할까?

아직 그 답을 찾지 못했지만, 생각만으로도 가슴이 설렌다. 책의 세계는 언제나 새로운 모험이 기다리고 있으니까.

일주일에 적어도 한 권의 책을 읽는 습관은 지금까지도 이어지고 있다. 그리고 그 습관이 삶에 가져다준 변화는 생각보다 컸다.

가장 먼저 눈에 띄는 변화는

첫째, 정서적 안정이었다.

바쁜 일상 속에서 책을 읽는 시간은 오로지 나만을 위한 시간이었다. 스마트폰의 알림도, 업무의 스트레스도 잊고 오직 책 속 세계에 빠져드는 그 시간이 내게는 최고의 힐링이었다. 특히 어려운 일이 있을 때, 책 속 인물들의 고민과 해결 과정을 통해 위로를 받곤 했다.

둘째로, 상상력이 풍부해졌다.

다양한 장르의 책을 읽으면서 나도 모르게 사고의 폭이 넓어졌다. 일상의 문제를 해결할 때도 더 다양한 시각에서 접근할 수 있게 되었고, 창의적인 아이디어가 더 자주 떠오르게 되었다.

셋째, 시간 활용 능력이 향상되었다.

예전에는 버스를 기다리는 시간, 약속 시각에 먼저 도착해 기다리는 시간이 그저 '죽이는 시간'이었다. 하지만 이제는 그 시간이 모두 소중한 독서 시간이 되었다. 핸드폰 게임이나 SNS 스크롤에 소비하던 시간이 훨씬 가치 있게 변했다.

마지막으로, 글쓰기 능력이 향상되었다.

인생에서 가장 힘들었던 시기, 책은 내게 친구이자 상담사였다. 몇 년 전, 개인적인 실패로 깊은 좌절감을 느꼈을 때였다. 주변의 위로도, 시간의 흐름도 그 아픔을 완전히 치유해 주지 못했다.

그때 우연히 접한 한 에세이집이 내게 큰 위로가 되었다. 저자가 자신의 실패와 좌절, 그리고 그것을 극복해 나가는 과정을 솔직하게 담아낸 책이었다. 그 책을 읽으며 처음으로 '나만 그런 게 아니구나'라는 생각을 했다.

누군가의 경험을 통해 스스로를 이해하는 법을 배웠다. 그 모든 경험이 내 마음의 상처를 조금씩 치유해 주었다.

이후로도 나는 힘든 시기마다 책을 통해 위로를 받았다. 소설 속 인물들의 성장 과정을 보며
함께 성장했고, 다양한 심리학 서적을 통해 스스로를 이해하는 법을 배웠다. 마음의 상처를 조금씩 치유해 주었다.

이제 독서는 내 삶의 중요한 부분이 되었다. 원하나 작가의 『독서 모임 꾸리는 법』에서 말한 것처럼,

한 권의 책으로 인생이 갑자기 변하는 일은 없었다.

하지만 꾸준히 책을 읽고, 다양한 시각을 접하면서 조금씩 성장해 왔다.

독서삼도는 비록 오래 지속하지 못했지만, 그 짧은 경험을 통해서도 많은 것을 배웠다. 다른 사람들의 생각을 듣고, 내 생각을 정리해서 표현하는 과정은 그 자체로 값진 경험이었다.

독서로 고독을 채우는 삶

노년의 고독은 인생 후반기에 맞이하는 가장 큰 도전 중 하나이다. 율곡 이이가 말한 인생의 세 가지 불행 중 마지막이 바로 이 '노년고독'이다.

젊은 시절엔 가족, 직장 동료, 친구들로 둘러싸여 살다가 어느 순간 주변이 조용해지는 경험은 많은 이들에게 두려움으로 다가온다.

고독(solitude)과 외로움(loneliness)은 비슷해 보이지만 본질적으로 다르다. 고독은 혼자 있는 물리적 상태지만, 외로움은 원치 않는 고립감에서 오는 감정적 상태다. 노년기에 접어들면서 많은 이들이 두려워하는 것은 '고독'이 아닌 '외로움'이다.

홍춘욱의 『돈의 역사는 되풀이된다』에서 언급된 것처럼, 행복감의 중요한 요소 중 하나는 소득 수준의 상승이다. 하지만 돈만으로는 채울 수 없는 영역이 있다.
특히 노년기에는 물질적 풍요보다 정신적 충만함이 더 큰 행복으로 다가오는 경우가 많다.

노년의 고독을 피하기 위한 많은 방법이 있지만, 그중에서도 독서는 특별한 위치를 차지한다. 독서는 단순한 시간 때우기가 아닌, 삶을 풍요롭게 하는 의도적 노력이다.

율곡이 말한 세 번째 불행인 '노년고독'을 극복하는 방법으로, 독서모임은 매우 효과적이다.
같은 책을 읽고 의견을 나누는 과정에서 지적 교류와 함께 정서적 유대감도 형성된다.

특히 노년기 독서모임은 단순한 책 토론을 넘어 삶의 경험을 나누는 장이 되기도 한다. 같은 책을 읽더라도 각자의 인생 경험에 따라 다른 해석이 나올 수 있고, 이런 다양성이 모임을 풍요롭게 만든다.

율곡의 노년고독, 극복방법, 독서라는 말이 스치는 순간 문득 떠올랐다.
이대로 흘러가면 십 년 후에도 우리는 같은 이야기만 반복하고 있지 않을까?'

아이들 학교 이야기, 동네 소문, 일상의 소소한 불만들.
친구들과의 모임에서 나는 조심스레 제안했다. "우리, 책 읽는 모임 만들어볼까?"
그렇게 '여우책 (여기 우리 책모임)'이 시작됐다.

처음엔 각자 읽고 싶은 책을 따로 읽자는 의견도 있었다. 하지만 곰곰이 생각해보니, 모임의 일관성과 통합을 위해선 함께 정한 한 권의 책을 읽고 이야기 나누는 게 좋겠다 싶었다.

또한 독서 편식을 하지 않기 위해 장르를 골고루 섞어 리스트를 만들었다. 소설만 읽지 않고, 에세이, 역사, 과학, 철학 등 다양한 분야의 책을 읽기로 했다. 가끔은 문학관이나 박물관 견학도 했다.

책 속에만 머물지 않고 밖으로 나가 호흡하는 시간도 필요했기 때문이다.

율곡 이이는 노년의 고독을 극복하는 방법으로 독서를 추천했다고 한다. 나는 여기에 공감했다. 아이들은 언젠가 독립할 것이고, 우리는 점점 더 많은 시간을 혼자 보내게 될 것이다. 그때 책은 좋은 친구가 될 수 있으리라.

하지만 나이 들어 갑자기 책읽기를 시작하기란 쉽지 않다. 평소 책을 즐기지 않던 사람에게 노년의 독서는 지루하고 힘든 일이 될 수 있다. 그래서 더 나이 들기 전에, 지금부터 독서의 즐거움을 알아가는 연습이 필요하다고 생각했다.

모임 날짜는 매월 마지막 주 금요일 저녁 6시로 정했다. 저녁 식사와 함께 책 이야기를 나누는 방식이었다. 처음엔 어색했다. 책에 대해 말하는 것이 부끄럽기도 했고, 내 생각을 정리해서 말하는 것이 쉽지 않았다.

하지만 시간이 지날수록 우리는 점점 편안해졌다. 누군가의 의견에 다른 의견을 내는 것도, 책에서 감동받은 구절을 공유하는 것도 자연스러워졌다. 때로는 책과 관련된 개인적인 경험을 나누며 더 깊은 대화로 이어지기도 했다.

가장 기억에 남는 순간은 한 친구가 말했다. "이 책을 읽기 전까지는 이런 생각을 한 번도 해본 적이 없어." 그 순간 나는 우리가 단순히 책을 읽는 것이 아니라, 서로의 세계를 넓혀가고 있다는 것을 깨달았다.

또 다른 친구는 모임 덕분에 20년 만에 처음으로 소설 한 권을 완독했다고 했다. 그녀의 눈빛이 달라졌다. 마치 오랫동안 잠들어 있던 무언가가 깨어난 것 같았다.

우리는 2년 동안 모임을 유지했다. 결코 짧지 않은 시간이었다. 아이들이 고등학생이 되고 입시 준비가 본격화되면서 모임을 지속하기 어려워졌다. 엄마들의 시간은 아이들의 시간표에 맞춰 재편됐다.

모임은 잠시 멈추었지만, 우리가 함께 읽은 책들과 나눈 이야기들은 계속해서 내 안에 살아있다. 가끔 책장을 정리하다 모임에서 읽었던 책을 발견하면, 그날의 대화와 웃음이 생생하게 떠오른다.

여우책은 단순한 독서모임 이상의 의미가 있었다. 우리는 책을 통해 서로를 더 깊이 알게 되었고, 각자의 생각과 경험을 공유하며 성장했다. 무엇보다 일상에서 벗어나 잠시나마 다른 세계로 여행할 수 있는 시간이었다.

나는 믿는다. 비록 지금은 잠시 쉬고 있지만, 언젠가 아이들이 대학에 가고 우리에게 다시 시간이 생기면, 여우책은 다시 시작될 것이다. 그때는 더 깊은 대화와 성숙한 이해로 책의 세계를 탐험할 수 있으리라.

우리의 50대는 끝이 아닌 새로운 시작이다. 여우책은 그 시작을 함께 하는 소중한 동반자가 되어주었다.

독서는 '혼자 있음'을 '함께함'으로 변화시킨다

책을 읽을 때 우리는 물리적으로는 혼자지만, 정신적으로는 작가와 대화하고 책 속 인물들과 교감한다.

베이컨이 말했듯 "독서는 충만한 인간을 만든다"는 말은 노년기에 더욱 깊은 의미를 가진다.

특히 노년기에는 새로운 관계를 형성하기 어려울 수 있다. 하지만 책을 통해 시간과 공간을 초월한 관계를 맺을 수 있다.

20세기의 시인과, 고대 그리스의 철학자와, 미래를 상상한 소설가와 한 공간에서 대화할 수 있는 경험은 독서만이 줄 수 있는 선물이다.

독서는 지속적인 성장을 가능하게 한다

율곡이 말한 첫 번째 불행인 '소년등과'의 핵심은 성장의 정체다. 나이가 들어도 성장이 멈추지 않는다면, 그것은 행복의 중요한 원천이 된다. 독서는 평생 성장할 수 있는 가장 접근하기 쉬운 방법이다.

처음부터 독서를 좋아하는 사람이 몇이나 될까? 대부분은 의도적인 노력을 통해 독서의 즐거움을 발견한다. 자신이 무엇을 좋아하는지 알고, 그에 맞는 책을 선택하는 것이 중요하다.

역사를 좋아한다면 역사책을, 여행을 즐긴다면 여행 에세이를, 과학에 관심이 있다면 과학서적을 선택하는 것이다.

노년기에는 이미 경제활동이 줄어든 상태에서 새로운 행복의 원천을 찾아야 한다. 독서는 상대적으로 적은 비용으로 큰 행복을 얻을 수 있는 효율적인 방법이다.

독서는 최고의 투자다.
홍춘욱이 강조한 "돈이나 투자 공부를 상관없다고 생각해서는 안 된다"는 말은 독서에도 적용된다. 책에 투자하는 시간과 비용은 노년의 행복이라는 큰 수익으로 돌아온다.

물론 모든 독서가 즐겁고 보람찬 것은 아니다. 때로는 어렵고 지루한 책을 만나기도 한다. "처음부터 잘하는 사람이 몇이나 될까?"라는 질문을 던져보면, 독서도 마찬가지다. 의도적인 노력을 통해 점점 더 깊이 있는 독서가 가능해지고, 그에 따른 행복감도 커진다.

독서는 세대 간 연결을 강화한다.
노년의 고독을 극복하는 또 다른 방법은 젊은 세대와의 연결이다. 독서는 세대 간 대화의 좋은 매개체가 된다. 손자녀와 함께 책을 읽고 이야기를 나누는 것은 깊은 유대감을 형성한다.

또한 젊은 세대가 읽는 책을 접함으로써 그들의 생각과 문화를 이해할 수 있다. 반대로 자신의 젊은 시절 감명 깊게 읽은 책을 젊은 세대와 공유하며 삶의 지혜를 전달할 수도 있다.

율곡 이이가 말한 '노년고독'은 피할 수 없는 운명이 아니다. 의도적인 노력, 특히 독서를 통해 우리는 고독을 외로움이 아닌 풍요로운 성찰의 시간으로 변화시킬 수 있다.

홍춘욱이 강조한 것처럼, 자신이 좋아하는 것을 찾고 거기에 의도적인 노력을 기울이는 것이 행복의 빈도를 높이는 방법이다. 많은 노인들에게 독서는 그런 '좋아하는 것'이 될 수 있다.

처음에는 어색하고 낯설더라도, 꾸준한 노력을 통해 독서의 즐거움을 발견한다면, 책은 노년의 가장 충실한 동반자가 될 것이다.

"나이는 단지 숫자에 불과하다"는 말이 있다. 독서를 통해 계속해서 성장하고, 새로운 세계를 탐험하고, 다양한 사람들과 교감한다면, 나이는 정말로 단지 숫자에 불과해질 것이다.

노년의 고독을 두려워하기보다는, 독서라는 의도적 노력을 통해 더 풍요롭고 의미 있는 노년을 설계해 보는 것은 어떨까?

5장

내가 읽은 재미있는 책들

잊을 수 없는 문장들

『A4 한 장을 쓰는 힘』

글을 잘 쓰려면 먼저 많이 읽어야 한다는 것. 운동을 잘하기 위해 기초체력이 필요하듯, 글쓰기의 기본은 '읽기'라는 거다.

저자는 100권의 독서 인풋이 있어야 1권의 아웃풋이 나온다는 '100:1의 법칙'을 제시한다. 글쓰기와 독서는 떼려야 뗄 수 없는 바늘과 실의 관계라고 볼 수 있다.

읽기의 질을 높이기 위한 팁도 제공한다. 고전, 소설, 가벼운 인문서로 나눠 다양하게 읽을 것, 의미 있는 부분에 밑줄을 긋는 법, 책 리뷰를 작성할 때는 비판보다 장점과 저자의 의도를 중심으로 쓸 것 등을 조언한다.

또한 '조각 독서'와 '자료 정리', '생각 재우기' 같은 실용적인 독서 방법도 소개해 주었다.

저자는 요리사가 되려면 양파와 당근 채썰기를 3년은 해야 주방에서 독립할 수 있다고 비유한다.

글쓰기도 마찬가지 책의 후반부에는 좋은 제목 짓는 법, 개인 경험을 활용하는 방법, 문장을 다듬고 줄이는 기술 등 실제 글쓰기에 도움이 되는 내용이 담겨 있다.

문장을 다듬고 줄이는 방법 중 입으로 낭송하면서 읽어볼 것은 작가들의 공통적 퇴고법이다.

세상에 쉬운 일은 없고, 타고난 글쓰기 재능은 따로 있는 것이 아니다. 책을 좋아하고 잘 정리하면서 오래 앉아 있는 엉덩이의 무거움이 글쓰기의 힘이다.

<u>먼저 많이 읽자.</u>

『글쓰기의 최전선』

은유 작가의 『글쓰기 최전선』은 단순한 글쓰기 기술서가 아닌, 자기 자신과 진실하게 마주하는 여정을 담은 책이다.

이 책은 글쓰기가 단지 문장을 만드는 행위를 넘어, 자신의 내면을 탐색하고 생각의 엉킨 실타래를 풀어가는 과정임을 담담하게 보여준다.

은유 작가는 삶이 고단하고 복잡하게 얽힐 때마다 글을 썼다고 한다. 그녀에게 글쓰기는 마법처럼 문제를 해결해 주지는 않았지만, 한 줄 한 줄 생각을 풀어내면서 자신의 혼란이 어디서 시작되었는지, 그 이유는 무엇인지 파악할 수 있게 해주었다.

『글쓰기 최전선』이 특별한 이유는 글쓰기를 '오롯이 나와 대면하는 시간'으로 정의하는 데 있다. 작가는 글을 쓰는 동안:

<u>세상의 소란을 등지고 자신에게 집중할 수 있는 시간을 얻는다.</u>

<u>일상의 관성에서 벗어나 한발 물러서서 자신을 관찰한다.</u>

<u>자신의 욕망, 선택, 가치관에 대해 깊이 질문한다.</u>

이 책은 "못 써도 쓰려고 노력하는 동안 나를 붙들고 늘어진 시간"이 바로 글쓰기의 본질임을 일깨운다. 완벽한 문장이나 세련된 표현보다, 자신과의 진실한 대화가 더 중요하다고 말한다.

특히 "왜 그 직업을 욕망하는지", "쓰는 글이 누구의 이익에 복무하는지", "잘 산다는 기준이 무엇인지" 등의 질문을 통해, 글쓰기가 단순한 표현 행위가 아닌 자기 성찰의 깊은 과정임을 보여준다.

『글쓰기 최전선』은 글쓰기를 통해 자신의 진짜 모습을 발견하고자 하는 모든 이에게, 혹은 삶의 복잡한 감정과 생각들을 정리하고 싶은 이들에게 따뜻한 위로와 깊은 통찰을 선사할 것이다.

『츠바키 문구점』

우리말로는 동백꽃 문구점이다.

이메일과 SNS가 일상인 시대에 '편지'라는 아날로그적 소통 방식을 다룬 오가와 이토의 장편소설『츠바키 문구점』은 잊혀가는 손 편지의 아름다움을 상기시켜 준다.

이 작품은 우표 하나까지 받는 이의 마음을 헤아리는 세심한 대필가의 삶을 통해, 사람과 함께 나이 들어가는 글씨체의 의미와 진심 어린 소통의 가치를 알려준다.

가마쿠라를 배경으로 한 츠바키 문구점을 중심으로 펼쳐지는 이야기는 실제 지명을 그대로 사용해 현실감을 더했다.

소설은 "글씨는 그 사람과 함께 나이를 먹으며 늙어간다."라는 철학을 바탕으로, 손글씨에 담긴 세월의 흔적과 감정의 깊이를 섬세하게 표현한다.

읽는 내내 가마쿠라의 신사와 카페를 거닐고 싶은 여행의 욕구를 불러일으키며, 바쁜 일상 속에서도 "긍정적으로, 착하게, 누군가에게 도움이 되는 사람으로 살아야지"라는 따뜻한 다짐을 하게 만든다.

손 글쓰기, 캘리그래피에 관심을 끌게 만든 작품이다.

<u>가족과 같은 때에 일어나면 나 자신과 마주할 시간을 갖지 못한다. 일찍 일어나는 새가 벌레를 잡아먹는다고 하지만, 벌레 정도가 아니다. 조기 기상은 내게 무한한 은혜를 가져다준다.</u>

<u>얼마나 일찍 일어나느냐에 따라 하루의 흐름, 나아가서는 인생의 질이 달라진다.</u>

살다 보면 인생을 한 번 전부 지우고 초기화하고 싶을 때가 있지 않습니까? 하지만 사람은 용기가 없어서 좀처럼 그걸 하지 못하죠. 그런데 눈앞의 대자연은 그걸 당당히 해내니까.

『행복의 기원』

서은국 교수의 『행복의 기원』은 우리가 흔히 생각하는 행복에 대한 관념을 완전히 뒤집는 책이었다. 이 책을 읽으면서 행복에 대한 새로운 시각을 얻게 되었고, 우리의 삶과 행복의 관계에 대해 깊이 생각해 보게 되었다.

행복의 본질: 생존을 위한 도구

서은국 교수는 행복을 아리스토텔레스의 고전적 관점인 '추구의 대상'이 아닌, 다윈의 진화론적 관점에서 '생존을 위한 도구'로 재정의한다.
우리가 행복하기 위해 사는 것이 아니라, 살아가기 위해 행복을 느끼도록 설계되었다는 것을 의미한다.

<u>행복의 지속성: 빈도가 중요하다</u>

저자는 "행복은 기쁨의 강도가 아니라 빈도다"라는 문장을 통해 행복의 본질을 설명한다.

큰 기쁨보다는 작은 기쁨을 자주 경험하는 것이 더 중요하다는 이 관점은 우리의 일상적인 삶에 대해 다시 생각해 보게 만든다.

나 역시 큰 성취나 이벤트에 집중하기보다는 일상의 작은 기쁨들을 더 소중히 여기게 되었다.

행복을 생존과 번식의 수단으로 바라보는 관점은 처음에는 다소 냉정하게 느껴졌지만, 이를 통해 우리의 감정과 행동을 더 깊이 이해할 수 있게 되었다. 우리가 왜 특정한 것들에 행복을 느끼는지,

그리고 그것이 어떻게 우리의 생존과 번식에 도움이 되는지를 생각해 보는 것은 매우 흥미로운 경험이었다.

우리가 행복에 대해 가지고 있는 많은 오해를 바로잡아준다.

긍정적인 생각만으로는 행복해지기 어렵다는 점, 큰 성공이 반드시 큰 행복으로 이어지지는 않는다는 점 등은 우리의 삶에 대한 접근 방식을 바꿀 수 있는 중요한 통찰이다.

『정세현의 통찰』

전직 통일부 장관이 외교사적 관점에서 대한민국의 외교는 어디로 가야 하는지 또 앞으로 통일 문제, 나아가 북핵 문제를 어떻게 다루어야 하는지에 대해 견해를 솔직하게 담았다.

저자는 나라의 녹을 먹으며 배운 이 경험들이 늘 공공재라고 생각했다. 최초의 북 핵실험을 가까이에서 지켜보았고, 김영삼, 김대중, 노무현 대통령까지 세 번의 정부에서 요직을 거치며 국제정치라는 험난한 파도 속에서 대한민국의 역할을 고민해 왔다.

이러한 저자의 오랜 연륜에서 나온 직업적 성찰과 어른으로서의 혜안은 외교관이 되려는 젊은 세대뿐만 아니라 세상으로 나아가려는 개인에게도 생각할 거리를 준다. 이 책을 읽고 나면 알게 된다. 시대의 해답은 늘 그렇듯 국제질서에 있다.

나의 무지함에 놀랐다.
<u>누군가가 의도적으로 역사를 혼탁하게 만들어 놓은 안경을</u>

쓰고 살았다. 그 뿌연 안경을 닦아주는 책이다.

국제정치의 민낯을 보여주는 우크라이나 사태에서 시작해보자. 나는 국제정치라는 게 조폭의 세계와 같다고 생각한다.

조폭들은 보통 법보다는 주먹이 가깝다고 믿는다.

이렇게 번영하고 권위까지 올라간 나라가 왜 아직도 속국처럼 사나, 외교도 규격에 맞게 해야 한다.
북한은 힘이 없을 때도 소련, 중국에 대들었다. 우리는 힘이 있으면서도 미국에 대들 엄두를 못 냈다.

미국과 원수지자는 게 아니다. 미국의 힘이 빠지니까 짓밟자는 말도 아니다. 미국과는 불가분의 관계로 얽힌 과거가 있어서 죽었다 깨어나도 떨어질 수 없는 부분들이 있다.
그대로 놔둬야 하는 부분들은 두고 우리의 이익을 위해서는 좀 더 우리 뜻대로 움직이자는 말이다.

웃고 울었던 그 책

〈위트〉와 〈죽음에 대하여〉를 통한 인간적 성찰

삶과 죽음 사이, 그 희미한 경계에서 나는 두 작품을 만났다. 영화 〈위트〉와 엘리자베스 퀴블러 로스의 〈죽음에 대하여〉는 마치 내 흔들리는 영혼을 비추는 거울 같았다.

마가렛 에드슨의 동명의 연극을 기반으로 한 영화다.
17세기 영국의 시인이었던 존 던의 '신성한 소네트'를 연구한 저명한 교수로서 존 던의 시를 중심으로 영화가 진행된다.

영화 위트에서 비비안 베어링 교수는 존 던의 시를 해석하듯 자기 죽음을 분석하려 했다. 그녀의 독백은 지적인 방어막이었다.

"아이러니하게도 내가 연구했던 죽음에 관한 시구들이 현실이 되었군요."

그녀의 위트는 처음엔 방패였으나, 질병이 진행될수록 그 방패는 균열을 드러냈다. 차가운 병원 복도에서, 비인간적인 의학 절차 속에서, 그녀는 점차 통제력을 잃어갔다.

퀴블러-로스의 〈죽음에 대하여〉도 죽음을 직면한 이들의 여정을 담았다.
그녀가 제시한 부정, 분노, 타협, 우울, 수용의 다섯 단계는 비비안의 여정과 놀랍도록 일치했다.

"난 괜찮아요"라고 말하던 비비안의 초기 부정부터, 시간이 흐를수록 드러나는 분노와 두려움, 그리고 마침내 수지 간호사의 손을 잡고 찾아온 평화로운 수용까지.

두 작품은 의학적 냉정함과 인간적 따뜻함 사이의 균형을 찾는 여정을 그렸다. 퀴블러-로스가 "죽어가는 사람들에게 필요한 것은 통계나 기계가 아니라 인간적 접촉"이라고 말했듯, 비비안도 결국 수지의 단순하지만, 진심 어린 돌봄에서 위안을 찾았다.

내가 힘들었던 날들에, 이 두 작품은 나에게 묘한 위로가 되었다.

"죽음은 우리가 생각하는 것처럼 두려운 것이 아닐 수도 있다"라는 퀴블러-로스의 말은 처음엔 공허하게 들렸다.

치료실에서 만난 다른 환자 가족들의 이야기를 듣고, 의료진의 작은 친절에 감사하며, 나는 비비안과 퀴블러-로스가 말한 '수용'의 의미를 조금씩 이해해갔다. 삶의 가장 어두운 순간에서도 인간적 연결이 빛이 된다는 것을.

어느 날 병실에서, 아픈 가족의 손을 잡고 있을 때 문득 깨달았다. 죽음을 직면하는 방식에 정답은 없다는 것을. 위트로,

분노로, 때론 무력하게, 때론 용기 있게 - 그 모든 방식이 우리의 인간적 여정의 일부임을.

〈위트〉와 〈죽음에 대하여〉는 죽음이라는 인간 경험의 보편성을 다루면서도, 각 개인의 경험이 얼마나 독특하고 존중받아야 하는지 가르쳐 주었다.

비비안의 마지막 장면처럼, 때론 모든 지식과 분석을 내려놓고 그저 현재의 순간을 느끼는 것이 필요하다는 것도.

이제 나는 안다. 삶과 죽음의 교차점에서, 우리에게 필요한 것은 완벽한 답이 아니라 함께하는 손길임을.

죽음이여, 뽐내지 말라.
어떤 사람들 그대를 강하고 무섭다. 하지만 실은 그렇지 않아.
그대가 쓰러뜨렸다고 생각하는 그들 죽은 것 아니라네.
가련한 죽음이여, 그대는 나도 역시 죽일 수 없어.
단지 그대의 영상일 뿐인 안식과 잠에서 많은 기쁨이 흘러나온다면,
그대에게선 더 많은 쾌락이 흘러나오리라.

가장 선한 자 가장 먼저 그대를 따라가지만,

그것은 육체의 안식이요, 영혼의 구훈.

그대는 운명과 사고와 폭군과 절망자들의 노예,

독약과 전쟁 그리고 병과 함께 사네.

아편이나 마술로도 우리를 잠들게 할 수 있으니,

그대의 칼보다 낫지.

그러니 뽐낼것이 무엇이랴?

짧은 한 잠 지나 우리 영원히 깨면

이젠 죽음은 없네, 죽음 그대가 죽으리.

영화의 핵심이 될 존 던의 시다.
한 번 읽고 영화를 보길 추천한다.
('거룩한 소네트' 제10장)

『죽음에 관하여』(원제: On Death and Dying)는 스위스 출신의 정신과 의사 엘리자베스 퀴블러-로스가 1969년에 발표한 책으로, 죽음과 임종에 관한 연구의 고전이자 호스피스 운동의 선구적인 저작이다.

이 책에서 저자는 말기 환자 500여 명과의 심층 인터뷰를 바탕으로, 인간이 죽음을 맞이할 때 겪는 심리적 과정을 '죽음의 5단계(부정, 분노, 타협, 우울, 수용)'로 체계화해 처음으로 제시했다.

저자는 죽음을 앞둔 환자와 가족, 의료진이 솔직하게 감정을 나누고, 환자의 존엄성과 선택권을 존중해야 한다고 강조한다.

현대 사회가 죽음을 외면하고, 의료진이 무의미한 연명 치료에 집착하는 현실을 비판하며, 인간답게 죽음을 맞이하는 방법을 제시한다.

이 책은 죽음과 임종을 두려움의 대상으로만 여기지 않고, 삶의 일부로 받아들이며, 마지막 순간까지 인간적인 소통과 돌봄이 중요하다는 메시지를 전한다.

죽음의 5단계' 이론은 이후 슬픔과 상실을 겪는 모든 이들의 심리 과정 이해에 널리 적용되고 있다.

간호사로서의 초심을 잃어가는 듯한 시점에 위트라는 영화를 보면서 비비안 베어링의 입장이 되었다.

이 영화를 통해 평소 환자들이 죽음을 어떻게 인식하고 있는지, 죽음에 대해 얼마나 두려워하고 있는지 알 수 있었다.

치료 과정에만 집중하지 않고, 인간은 누구에게나 우아한 죽음을 맞이할 수 있도록 준비할 시간이 필요하다고 생각한다.

하지만 우리가 그 숭고한 시간의 가치와 필요성을 혹시 알아봐 주지 못하고 있는 것은 아닐까?

한 생명의 삶 다음엔 죽음이 있지만, 그 사이에 있는 쉼표가 우리를 의연하게 하는 진실이라고 말한다.

쉼표는 위트가 아니라 진실이다. 누구나 삶의 태도로 위트를 선택할 수 있지만, 쉼표를 찍는 순간은 그 어떤 것으로도 타협할 수 없다.

나는 이 영화를 환자를 돌보는 많은 선생님과 함께 보고 싶다.

환자에 대한 자신의 시선을 다시 생각해 보게 되고 의료진과 환자의 관계 이면에 놓여 있는 것들이 어떤 것인지 알 수 있게 될 것이다.

마지막까지 처음 마음가짐 그대로, 초심을 잃지 않는 간호사가 되자고 다짐해 본다.

아니 에르노의 『한 여자』와 엄마의 마당

작가는 노인 요양병원을 다시 찾아갔다. 어머니가 있던 방의 창문에는 불이 켜져 있었다.

"어머니가 있던 곳에 누군가 다른 사람이 있구나."

처음으로 깜짝 놀라며 해본 생각이었다. 이 한 문장에서 죽음의 공백과 삶의 연속성이 겹쳐지는 이상한 감각을 느꼈다.

누군가의 자리는 항상 다른 누군가로 채워지기 마련이다. 어쩌면 우리는 모두 시간이라는 거대한 흐름 속에서 잠시 머무는 손님에 불과한지도 모른다.

2022년 노벨문학상을 받은 아니 에르노의 『한 여자』는 어머니의 이야기다. 이것이 소설인지 아닌지는 언제나 독자의 몫이라 했지만, 오히려 소설보다 더 감정이입이 되었다. 자전적 글쓰기의 투명한 힘이 가슴 깊이 파고들었다.

에르노의 어머니는 1906년에 태어났다. 우리나라는 아직 대한 제국으로 고종 황제가 있을 시기였다.

시공간의 거리를 두고 생각해 보니, 당시 프랑스의 보통 가정도 그리 넉넉하지는 않았던 것 같다.

노동자 계급의 딸을 잘 교육시켜 신분 상승을 시켜주고 싶어 했던 부모의 소망은 시대와 국경을 초월하는 보편적인 마음이었을 것이다.

에르노는 책에서 어머니의 계급적 한계와 그 속에서 피어난 강인함을 세밀하게 그려낸다.

나는 그 페이지들을 넘기며 우리 어머니의 모습을 자꾸 떠올렸다. 시대와 계급과 교육이 달랐던 모녀는 다른 모녀들처럼 갈등을 겪었다.

그 갈등은 이해의 틈이었고, 서로 다른 삶의 방식에 대한 충돌이었다.

에르노의 책을 읽으며 내 기억 속 어머니의 모습이 오버랩 되었다.

엄마는 우리 집 마당 귀퉁이에 큰 솥단지가 걸린 아궁이가 있었다. 보리차를 끓이고 시래기를 삶고, 부엌에서도 충분히 할 수 있는 일을 굳이 마당으로 들고나오셨다. 그것은 매일 해거름의 일과였다.

지금 생각해 보면 그 마당의 아궁이는 단순한 취사도구가 아니었다. 그곳은 어머니의 영역이었고, 자신만의 시간을 보내는 공간이었다.

친정어머니를 모시고 사시면서 왜 저녁마다 마당의 아궁이로 부엌일을 들고나왔는지, 그 옛날 엄마보다 나이를 더 먹고 나서야 나는 알 것 같다.

그것은 잠시나마 자신만의 공간을 갖고 싶었던 한 여자의 작은 탈출구였을지도 모른다.

동동거리던 엄마의 동선이 이제는 병풍처럼 멈춘 시간으로 내 기억 속에 자리 잡았다.

생선 굽는 냄새는 식욕을 자극했고, 고양이가 물어갈까 지키고 있으라는 엄마의 잔소리는 이제 정겹기만 하다.

어느 날엔 장작불에 돼지고기를 굽던 날엔 엄마가 더 신이 나셨다. 자식들 입에 고기가 들어가는 모습이 그렇게 좋으셨나 보다. 활짝 핀 불잉걸이 식도록 엄마는 불 앞에 오래 앉아 계시곤 했다.

에르노의 소설에서 어머니는 늙고 이내 치매라는 병에 걸려 기억을 잃어버린다.

그 어머니를 보며 작가는 스스로도 언젠가 치매 환자가 되어 그저 삶에 대한 본능으로 세상에 투쟁하는 인간이 되지 않을까 하는 불안으로 글을 마친다.

> "21세기 언젠가, 내가 이곳이든 혹은 다른 곳에서든 냅킨을 폈다 접었다 하면서 저녁 식사를 기다리고 있는 그 여자들 가운데 한 명이 되리라는 생각도 들었다."

이 구절은 마치 거울처럼 나에게 비쳤다. 오늘의 내가 어제의 어머니를 바라보듯, 내일의 누군가는 오늘의 나를 바라볼 것이다.

세대는 이어지고, 삶의 패턴은 반복된다.

우리 엄마도 치매로 인해 기억이 왔다 갔다 한다. 과거의 어느 고단한 저녁이 생각이 났던지, 지난 일요일, 마당에 걸쳐 놓은 솥단지를 걱정하셨다.

쑥을 뜯어말렸으면 좋겠다고, 쑥 외에 이름 모를 봄나물을 이야기하신다. 시간의 선형성이 무너지고, 과거와 현재가 뒤섞인 의식 속에서 어머니는 여전히 가족을 돌보고 계신다.

『한 여자』에서의 엄마와 우리 엄마가 이렇게나 비슷한지 깨닫게 된 것은 이 책의 가장 큰 선물이었다.

프랑스의 한 노동자 계급 여성과 한국의 어느 평범한 어머니 사이에는 시대와 문화의 차이가 있지만, 그 삶의 본질은 놀랍도록 닮았다.

둘 다 자식을 위해 자신을 희생했고, 자신의 욕망보다 가족의 필요를 우선시했다. 둘 다 시대의 제약 속에서 최선을 다해 살았고, 노년에는 기억과 정체성이 흐려지는 경험을 했다.

그리고 둘 다 한 명의 '여자'로서 살아온 인생 이야기를 하고 있다.

아니 에르노는 어머니의 삶을 기록함으로써 사실상 20세기 여성의 역사를 기록한 것이다. 그리고 그 역사는 나의 어머니, 우리의 어머니들의 이야기이기도 하다.

책을 덮고 나는 생각했다. 우리는 모두 누군가의 기억 속에 살아간다.

지금 내가 어머니를 기억하듯, 언젠가 누군가는 나를 기억할 것이다.

그 기억은 완벽하지 않을 것이다. 단편적이고, 때로는 왜곡되어 있을지도 모른다.

하지만 그것이 전부다. 우리가 가진 것은 기억뿐이다.

에르노는 글쓰기를 통해 어머니를 영원히 살아있게 했다. 나도 이 글을 통해 나의 어머니, 그리고 에르노의 어머니를 잠시나마 살아 숨 쉬게 하고 싶었다.

마당의 아궁이에서 피어오르던 연기처럼, 시간은 흩어져도 그 기억은 남는다.

하루하루 지나가는 시간 속에서, 우리는 서로의 기억이 된다. 한 여자의 이야기는 곧 모든 여자의 이야기가 되고, 한 인간의 이야기는 모든 인간의 이야기가 된다.
아니 에르노가 노벨상을 받은 이유는 아마도 그런 보편성을 섬세하게 포착해냈기 때문일 것이다.

가슴 시리게 읽으면서 짧게 적어본 단상이 이렇게 길어졌다. 하지만 여전히 말로 다 표현할 수 없는 감정이 남아있다. 책을 읽고 글을 쓰는 행위는, 어쩌면 시간의 흐름 속에서 우리 자신을 찾아가는 여정인지도 모른다.

엄마의 마당 아궁이에서 피어오르던 연기처럼, 에르노의 책

에서 피어오르는 감정의

여운이 오래도록 남을 것 같다. 그리고 그 여운 속에서, 나는 어머니를, 그리고 나 자신을 만난다.

『한 여자』는 단순한 소설이 아니다.

그것은 우리 모두의 이야기이며, 잊혀져가는 것들에 대한 증언이다.

에르노의 펜은 개인의 경험을 넘어 집단의 기억을 소환해낸다. 그리고 그 기억 속에서, 우리는 서로를 발견한다.

6장

책이 삶에 준 선물

다시 시작할 수 있는 힘

우리는 종종 인생의 어떤 순간에 멈춰 서서, 지나온 길을 돌아보게 된다. 내 경우는 책 한 권이 그런 멈춤표가 되었다.

오랫동안 움츠러든 채 살아왔던 내게, 책은 마치 오래된 친구처럼 다가와 속삭였다.

"괜찮아, 다시 시작해도 돼."

어린 시절부터 항상 비교의 굴레에 갇혀 있었다. 가난한 시골에서 태어난 것이 첫 번째 '불리함'이었고, 그 불리함은 학창 시절과 직장 생활로 이어지며 깊은 상처로 자리 잡았다.

남들과 나를 끊임없이 비교하는 습관은 어느새 내 정체성의 일부가 되었고, 그 결과 자신감은 점점 사라져 갔다.

매일 아침 거울 속 모습을 마주할 때마다, 주눅 든 눈빛을 보았다.

"나는 왜 이렇게 자신감이 없을까?"라는 질문은 마치 그림자처럼 나를 따라다녔다.

그 답을 찾기 위해 여러 자기 계발서를 읽기 시작했지만, 대부분은 표면적인 해결책만을 제시할 뿐이었다.

그러던 어느 날, 우연히 손에 잡힌 한 권의 책에서 나와 비슷한, 아니 더 열악한 환경에서 자란 사람들의 이야기를 만났다.

그들은 내가 가진 것보다 훨씬 적은 것으로 시작했지만, 놀랍게도 당당하게 자신의 길을 걸어가고 있었다. 그들에게서 처음으로 진정한 위로를 받았다.

"비교는 기쁨의 도둑이다"라는 말이 있다.

남과 비교할 때마다 우리는 자신만의 고유한 여정에서 오는 기쁨을 빼앗기게 된다.

책 속 인물들은 비교의 덫에서 벗어나, 오직 자신만의 속도로 앞으로 나아가는 법을 보여주었다. 그들은 자신의 과거나 환경을 핑계 삼지 않았고, 오히려 그것을 자신만의 독특한 강점으로 바꿔놓았다.

특히 기억에 남는 구절이 있다.

"당신의 시작점이 어디인지는 중요하지 않다. 당신이 어디로 가고 있는지가 중요하다."

브라이언 트레이시, 『행동하지 않으면 인생은 바뀌지 않는다』

이 단순한 문장이 내게는 번개처럼 강렬하게 다가왔다. 그동안 내 시작점, 즉 가난한 시골 출신이라는 사실에 너무 집착한 나머지, 내가 어디로 가고 있는지를 잊고 있었던 것이다.

책을 통해 비로소 깨달았다.

자신감은 환경이나 배경에서 오는 것이 아니라, 자신의 가치를 인정하고 스스로를 믿는 마음에서 오는 것이라는 사실을. 가난했던 어린 시절은 내가 선택한 것이 아니었지만, 지금 이 순간부터 어떻게 살아갈지는 온전히 내 선택이다.

책 속 이야기들은 마치 거울처럼, 그동안 보지 못했던 나 자신의 모습을 비춰주었다.

좌절과 실패를 겪은 후에도 다시 일어선 사람들, 세상의 편견에 맞서 자신만의 길을 개척한 사람들, 그리고 자신의 취약함을 인정하면서도 그것에 굴복하지 않은 사람들. 그들의 이야기는 나에게 강력한 메시지를 전했다. "당신도 할 수 있다"라고.

책이 준 가장 큰 선물은 '관점의 전환'이었다. 나는 이제 내 배경을 약점이 아닌 강점으로 바라본다.

가난한 시골에서 자란 경험은 검소함과 인내를, 어려운 환경은 문제 해결 능력과 회복력을 선물했다. 다른 사람과 비교하는 대신, 어제의 나와 오늘의 나를 비교하며 작은 진전에도 기뻐할 수 있게 되었다.

책은 우리에게 다른 사람의 렌즈를 통해 세상을 볼 수 있는 기회를 준다. 그리고 때로는 그 과정에서 우리 자신을 더 명확하게 보게 된다. 나에게 책은 단순한 위로를 넘어, 숨겨진 용기를 찾아내는 나침반이 되었다.

이제 나는 알고 있다. 진정한 당당함은 완벽한 조건에서 오는 것이 아니라, 자신의 불완전함을 인정하고 그럼에도 앞으로 나아가는 용기에서 온다는 것을.
책이 내게 가르쳐 준 가장 소중한 교훈은 바로 이것이다. 우리는 모두 우리만의 이야기를 써나갈 힘을 가지고 있다는 것.

오늘도 나는 책장을 넘기며 새로운 용기를 찾는다.
그리고 내일은 그 용기로 한 걸음 더 당당하게 나아갈 것이다.

책이 준 위로는 이제 내 삶의 나침반이 되어, 더 이상 움츠러들지 않고 당당하게 걸어갈 수 있는 힘이 되었다.

조용한 용기

　새벽 4시 30분 창문 너머로 어둠이 채 가시지 않은 시간, 매일 알람 소리에 눈을 떴다. 몸은 천근만근 무거웠지만, 마음속에는 작은 기대가 있었다. 오늘도 함께할 책 낭독 시간이 기다리고 있었기 때문이다.

　우리 집 큰아이가 고등학생이 되던 해, 갑자기 변화가 찾아왔다. 전에는 웃음 많고 대화가 끊이지 않던 아이가 어느 날부터 문을 닫기 시작했다.

　대답은 짧아졌고, 눈 맞춤은 줄었으며, 함께하는 시간보다 혼자만의 시간을 더 원했다.

우리 아이만큼은 사춘기 없이 크려나? 은근 자랑스러웠다. 사춘기라는 시기가 또래보다 늦게 찾아온 것이다.

"왜 방 정리를 안 하니?"
"학교에서는 뭐 했어?"
"숙제는 다 했어?"

이런 일상적인 질문들이 마치 잔소리처럼 아이의 귀에 들리는 것 같았다.
대화는 점점 줄어들었고, 집 안에는 무거운 정적만이 흘렀다. 아이와의 거리는 점점 멀어지는 듯했고, 부모로서 무력감이 들었다.

그러던 어느 날, 한석희 작가의 『물려줄 게 없는 부모는 공부하는 방법을 가르쳐라』를 읽었다.

이 책은 가난한 소설가 아빠가 사교육을 시킬 형편이 안되어, 매일 아이가 밥을 먹을 때마다 책을 읽어주고, 직접 공부 방법을 찾아가며 아이를 키운 솔직한 이야기였다.

아이가 밥을 먹을 때마다 책을 읽어주기엔 아이와 나의 생활패턴이 맞지 않을 것 같고, 아이와의 어느 정도는 관계가 호전된 상태에서 시도해야 했다.

또 다른 교육 관련 책을 읽다가 '부모의 독서 습관이 아이에게 미치는 영향'에 관한 내용을 접했다. 전문가들은 부모가 책을 읽는 모습을 아이들이 보면서 자연스럽게 독서 습관이 형성된다고 했다.

그리고 더 중요한 것은 함께 책을 읽는 시간이 대화의 다리가 될 수 있다는 점이었다.

망설임 끝에 도전해 보기로 했다. 새벽 낭독으로 읽었던 책을 아이와 주말 아침에 30분 동안 함께 읽는 시간을 갖기로 했다.

처음에는 아이의 반응이 걱정됐다. 거절당할까 봐, 또는 형식적으로만 참여할까 봐 불안했다.

"우리 주말 아침에 일어나서 같이 책 읽을까?"

예상과 달리, 아이는 잠시 생각하더니 고개를 끄덕였다. 그렇게 우리의 주말 새벽 낭독이 시작되었다.

첫날은 어색했다. 낯선 시간에 억지로 일어나 책을 펼치는 것이 힘들기만 했다.. 아이도 졸린 눈을 비비며 두표정한 얼굴로 앉아 있었다.

엄마가 읽어주는 책을 눈을 감고 듣기만 하고 있었으니.
일주일이 지났을 무렵, 처음으로 책의 내용에 대해 아이가 질문을 던졌다.

"엄마, 이 주인공이 왜 이런 선택을 했다고 생각해?"

그 질문이 우리 사이에 다시 대화의 물꼬를 트는 순간이었다. 책의 내용을 통해 인생과 가치관, 선택과 결정에 대해 이야기하기 시작했다. 직접적인 잔소리나 충고가 아닌, 책 속 인물들의 이야기를 통해 우리는 서로의 생각을 나눌 수 있었다.

물론 쉬운 일은 아니었다. 주말 새벽에 일어나는 것은 특히 큰 도전이었다. 피곤함에 늦잠을 자고 싶었다.
잔소리할 시간이나 에너지가 없어졌고, 대신 책을 통한 대화가 우리의 소통 방식이 되었다.

아이는 내가 얼마나 이 시간을 소중히 여기는지 느꼈을 것이다. 점차 아이도 스스로 책을 고르기 시작했고, 학교에서 배운 내용과 연결 지어 이야기하기도 했다.

우리는 다양한 종류의 책을 읽었다. 소설, 에세이, 역사, 과학 등 장르를 가리지 않았다.

각 책은 우리에게 새로운 대화 주제를 제공했다. 특히 기억에 남는 것은 청소년 소설 '완득이'를 함께 읽었을 때였다. 주인공의 성장 과정과 어려움, 그리고 그를 둘러싼 어른들의 모습이 우리에게 많은 생각을 하게 했다.

"엄마, 나도 가끔은 완득이처럼 화가 날 때가 있어. 하지만 어떻게 표현해야 할지 모르겠어."

아이의 솔직한 고백에 가슴이 먹먹해졌다. 책을 통해 아이는 자신의 감정을 인식하고 표현하는 방법을 배우고 있었다.

우리는 감정 표현의 중요성과 건강한 방법에 대해 이야기했다. 잔소리나 훈계가 아닌, 함께 고민하고 해결책을 찾아가는 과정이었다.

1년이 지났을 무렵, 아이의 변화는 뚜렷했다. 학교 성적이 향상된 것은 물론이고, 표현력과 사고력이 깊어졌다.

하지만 가장 큰 변화는 우리 관계였다. 서로에 대한 이해와 존중이 깊어졌고, 대화는 더 이상 일방적인 잔소리가 아닌 진정한 소통이 되었다.

사춘기라는 터널을 지나는 동안, 책은 우리를 연결해 주는 튼튼한 다리 역할을 했다.

주말아침 함께 낭독했던 아이가 지금은 초등학교 교사가 되어 담임 학생들에게도 독서의 즐거움을 전하고 있다.

"아이는 부모의 뒷모습을 보며 자란다"라는 말이 있다. 우리 아이는 새벽마다 책을 읽는 엄마의 뒷모습을 보며 자랐다. 그것은 말로 하는 가르침보다 더 강력한 메시지였을 것이다.

독서의 중요성을 강조하는 부모는 많지만, 실제로 실천하는 부모는 많지 않다. 나 역시 처음에는 그런 부모 중 하나였다. 하지만 아이와의 관계를 위해 시작한 작은 변화가 우리 가족 전체에 큰 영향을 미쳤다.

새벽 낭독은 단순한 독서 시간이 아니었다. 그것은 서로에 대한 존중과 이해, 소통과 성장의 시간이었다. 아이가 사춘기의 혼란스러운 시기를 건강하게 통과할 수 있었던 것은 8할이 새벽 낭독과 독서 덕분이라고 자신 있게 말할 수 있다.

지금도 가끔, 이제는 성인이 된 아이와 함께 책을 읽는 시간을 갖는다.

새벽에 느꼈던 모든 피로와 희생이 값진 것이었음을 다시 한번 깨닫는다. 책은 단순한 종이 묶음이 아니라, 우리 가족을 연결해 준 소중한 매개체였다.

인문 고전과 함께하는 나의 특별한 여행

바쁜 일상에 치여 계획했던 만큼 읽지 못할 때도 있지만, 그래도 포기하지 않고 꾸준히 이어가고 있다.

책은 정말 놀라운 존재다.

그냥 종이와 잉크로 만들어진 물건에 불과하지만, 그 안에는 수많은 생각과 감정, 경험이 담겨 있다.

책을 읽다 보면 우리가 지금 겪고 있는 문제들은 사실 오래전부터 사람들이 고민해온 것들이라는 것을 알게 된다.

"고전을 젖줄로 삼지 않고서는 더는 정신적 성장과 성숙이 어렵겠다는 느낌이 드는 이유가 여기에 있다. 쏟아져 나오는 새 책에 신물이 나고 반복되는 주제를 새롭게 포장해 내놓은 듯한 느낌이 들 때 고전을 읽어야 한다."

이권우의 『호모 부커스』

요즘 나오는 책들도 많은 부분이 옛날 책들의 생각을 바탕으로 쓰여 있다. 만약 고전을 읽지 않았다면, 새 책을 읽을 때 "아, 이 생각은 플라톤의 생각과 비슷하네!"라는 걸 알아차릴 수 없다.

독서 경험이 쌓일수록, 우리는 단편적인 지식보다 체계적이고 근본적인 사상의 흐름을 이해할 필요성을 느끼게 된다. 고전은 이러한 사상의 원류로서, 현대 지식의 기반이 된다.

또한, 고전을 읽음으로써 오늘날의 문제에 대한 역사적 맥락을 이해하게 된다. 이를 통해 "우리의 문제를 고민하고 대안을 찾아" 나갈 수 있는 더 넓은 시야를 확보할 수 있다.

결국, 책을 많이 읽을수록 우리는 지식의 깊이와 연결성을 추구하게 되고, 이는 필연적으로 고전으로 향하게 만든다.

고전의 바다에 빠져보면 알겠지만, 고전을 읽어야 비로소 이해되는 것이 있다.
그것을 읽지 않았기 때문에 줄줄이 이해되지 않는 책이 있다.

우연히 집어 든 마르쿠스 아우렐리우스 『명상록』이 내 생각을 완전히 바꿔놓았다.

처음에는 솔직히 좀 어려웠다. 단어도 낯설고, 문장도 복잡했다. "이걸 왜 읽어야 하지?" 하는 생각도 들었다. 중간에 그만두고 싶었던 적도 많았지만 조금씩 읽다 보니 신기한 일이 일어났다. 수천 년 전에 살았던 사람들이 고민했던 문제가 지금 내가 고민하는 것과 비슷하다는 걸 알게 된 것이다!

"행복이란 뭘까?", "좋은 친구란 어떤 사람일까?", "정의란 무엇일까?" 이런 질문들은 옛날 사람들도, 지금의 우리도 함께 생각하는 것이었다.

그 순간 느꼈던 그 짜릿함이란! 마치 오래된 편지를 발견한 것 같았다. 수천 년의 시간을 뛰어넘어 대화하는 느낌이랄까?

'독파민'이라는 인문고전 모임을 알게 됐는데, 이름부터가 특별했다. '독(讀)'은 책 읽을 독 자에, '파민'은 도파민에서 따왔다고 한다.

도파민은 우리 뇌에서 즐거움을 느낄 때 나오는 물질인데, 책을 읽으면서 즐거움을 느낀다는 의미라고 한다.

한 달에 한 권씩만 읽으니까 부담도 없고 좋았다. "이 정도면 틈틈이 다른 책도 읽을 수 있겠지!"라고 생각했는데, 웬걸! 한 권을 읽으면 또 다른 책이 궁금해져서 계속 찾게 되는 것이다.

예를 들어, 플라톤의 책을 읽다가 소크라테스에 대해 궁금해져서 또 다른 책을 찾고, 거기서 아리스토텔레스가 나오면 또 그 책을 찾고… 끝이 없었다!

독파민 모임에서는 책을 읽고 함께 이야기를 나눈다. 처음에는 부끄러워서 말을 잘 못했는데. "내 생각이 너무 유치하면 어떡하지?"라는 걱정도 했고. 하지만 다른 사람들의 생각을 들으면서 놀라웠다.

같은 책을 읽었는데도 서로 다르게 이해하다니! 누군가는 용기에 대해 이야기하고, 사랑에 대해 이야기하고… 한 권의 책에서 이렇게 다양한 이야기가 나올 수 있다니!

이야기를 나누다 보면 머릿속에서 뭔가가 '딸깍' 하고 연결되는 느낌이 들 때가 있다. 그럴 때의 그 기분이란! 정말로 도파민이 나오는 거 같다. 가슴이 두근두근하고 밤새도록 그 생각에 빠져있게 된다.

고전을 읽으면 읽을수록 더 알고 싶어진다. 마치 퍼즐 조각을 하나씩 맞추는 것 같다. 하나를 알면 또 다른 퍼즐 조각이 궁금해지고, 그렇게 계속 이어진다.

때로는 어려워서 포기하고 싶을 때도 있지만, 그래도 계속 읽게 되는 이유는 그 안에서 나를 발견하기 때문이다.

"와, 이 사람은 어떻게 내 마음을 알았지?"라는 생각이 들 때가 있다. 수백 년, 수천 년 전에 살았던 사람이 쓴 글인데도 내 고민과 비슷하다니!
그때 느끼는 그 연결감이 정말 특별하다.

친구들은 가끔 "그런 어려운 책 읽으면 뭐가 좋아?"라고 물어봐 본다.

솔직히 말하자면, 처음에는 그냥 "있어 보이고 싶어서" 시작했을지도 모른다. 똑똑해 보이고 싶었던 거다. 하지만 지금은 다르다. 이제는 진짜로 알고 싶어서, 더 깊이 생각하고 싶어서 읽게 되었다.

고전을 읽으면 내가 더 큰 세계의 일부가 된 것 같은 느낌이 들 때가 있다. 혼자가 아니라 수많은 사람들과 함께 같은 질문을 생각하고 있다는 생각이 들었다.
그리고 그 속에서 내 생각도 점점 깊어지는 것 같다.

"인간은 어떻게 살아야 할까?", "진정한 친구란 뭘까?", "사랑은 무엇일까?" 이런 질문들에 대해 생각하다 보면, 학교에서 이런 걸 진즉 배웠으면 하는 아쉬움이 남았다. 시험에 나오는 지식이 아니라, 살아가는 데 필요한 지혜가 나오니까 말이다.

앞으로도 계속 인문고전을 읽을 것이다.
때로는 어렵고, 때로는 지루할 수도 있겠지만, 그래도 그 안에서 찾는 기쁨이 더 크니까. 그리고 언젠가는 나도 다른 사람들에게 인문고전의 매력을 알려주고 싶다.

같이 읽고, 같이 이야기하고, 같이 성장하는 그런 경험을 나누고 싶다.

나의 인문고전 여정은 아직 시작에 불과하다. 플라톤의 동굴에서 빠져나와 빛을 향해 걸어가는 과정일지도 모른다.

인문고전이 주는 독파민의 매력에 빠져, 나는 오늘도 새로운 페이지를 넘긴다. 지적 허영심이라 자조하면서도, 내 영혼의 목마름을 채우는 이 여정을 멈출 수 없다.

인문고전은 시대를 초월한 대화이며, 그 대화에 참여할 때마다 나는 조금씩 더 나아진 나를 만난다. 그것이 내가 고전에 빠진 진짜 이유일 것이다.

앞으로도 책과 함께하는 여정이 기대된다. 어떤 책들이 나를 기다리고 있을지, 그 책들을 통해 어떤 사람들과 만나게 될지, 어떤 새로운 세계를 경험하게 될지 생각하면 설렌다.

에필로그

나의 새로운 봄

나다움이 무엇인지, 나를 출렁이게 하는 것이 구엇인지 찾아 헤매며 여기까지 왔다. 뒤뚱거리기도 많이 했지만, 이제야 알게 되었다.

50이란 나이는 끝이 아닌 새로운 시작이라는 것이다.
30년의 간호사 생활은 마치 날다람쥐의 쳇바퀴와 같았다. 병원과 집을 오가는 단조로운 일상,
그 사이 계절은 변했고, 창밖의 풍경도 바뀌었지만, 내 하루는 언제나 같은 모양이었다.

쳇바퀴가 돌아가는 동안 나의 목소리는 점점 투박해졌다.

처음에는 환자들에게 건네는 다정한 말 한마디가 직업적 사명감으로 충만했지만, 어느 순간부터 그것은 의무감에 가까워졌다. 내 안의 부드러움은 어디로 갔을까.

업무와 승진을 향한 몰입 속에서 나는 나 자신을 잃어버렸다. 번아웃이라는 말로는 설명하기 부족할 정도로, 나는 텅 비어버렸다. 좋아하는 것도, 잘하는 것도 딱히 없다고 생각했고, 취미를 갖는것 조차 귀찮은 핑곗거리로만 여겼다.

움츠러드는 날들이 많았다. 일머리가 부족하다는 자책, 운이 좋지 않다는 생각에 예민해진 날들이 쌓여갔다.

병원 복도를 걸을 때마다 어깨는 점점 더 굽어갔고, 거울 속 내 모습은 점점 낯설어졌다.
그 사이 즐거움에 대해 생각해 본 적이 있었나? 아마도 없었을 것이다.

해도해도 끝이 안 보이는 듯 싶어 절망하기도 했다.
그럴때마다 위안이 되고 격려가 된 것은 역설적이게도 책이었다.

너무 조급해서 안달하지 말고 느긋하게 천천히 가라고 일러주었다. 늘 배우는 자세로 살아가라고 귀뜸해 준 것도 책이었다.

오래된 사진첩을 뒤적이다 대학교를 갓 졸업한 스물넷의 내 모습을 발견했다. 꿈에 부푼 눈동자, 자신감 넘치는 미소, 세상을 바꿀 듯한 당찬 포부가 담긴 얼굴. 그때의 나는 오늘의 나를 상상했을까?

쳇바퀴에서 내려와 본다. 숨을 깊게 들이마시고, 천천히 주변을 둘러본다.
봄꽃이 피어나는 공원, 햇살이 반짝이는 카페의 창가, 웃음소리가 가득한 광장, 모두 내가 놓치고 있던 풍경들이었다.

나의 목소리는 다시 부드러워질 수 있을까? 아마도 그럴 것이다. 이미 조금씩 변화하고 있으니까.

어제는 오랜만에 간호사 후배에게 따뜻한 조언을 건넸고,

오늘 아침엔 거울 속 내 모습에게 미소를 지어주었다.

 관성적인 삶에서 벗어나 진정한 나를 찾아가는 여정이 이제야 시작된다. 늦은 것 같지만, 사실은 딱 좋은 때다. 쳇바퀴는 충분히 돌았다.

 이제 허무함 대신 충만함으로 채워갈 나의 새로운 봄을 기대한다.

 늦은 나이에 피어나는 봄꽃이 더 아름답다고 하지 않던가.

 창밖으로 벚꽃이 흩날린다. 나의 새로운 봄도 그렇게 화사하게 피어날 것이다.

 물론 예전보다 신경 쓸 것들은 훨씬 많아졌다.
 은퇴 후 계획, 사람들과의 관계, 건강 문제 등. 하지만 무엇보다 중요한 것은 건강관리와 함께 병원 밖 세상과의 균형을 찾는 일일 것이다.

책을 고르다 숨을 고르다

발행일	2025년 6월 3일 초판 1쇄
	2025년 7월 8일 2쇄
지은이	꼬야
펴낸이	황준연
표지 본문 디자인	오형석
펴낸곳	작가의 집
출판사등록	2024.2.8(제2024-9호)
주소	제주도 제주시 화삼북로 136, 102-1004
이메일	huang1234@naver.com
연락처	010-7651-0117
홈페이지	https://class.authorshouse.net
ISBN	979-11-94947-04-2(03810)

· 이 책은 저작권법에 의하여 보호를 받는 저작물이므로
  무단 전재와 복제를 금합니다.
· 파본은 구입하신 서점에서 교환해드립니다.